Nick Srnicek
PLATFORM
CAPITALISM

プラットフォーム資本主義

ニック・スルネック
大橋 完太郎 居村 匠＝訳

人文書院

プラットフォーム資本主義　目次

プラットフォーム資本主義

謝　辞

この著作が完成するに至るにまでは数多くの人の助力があった。企画を進めてくれたローラン・ド・ステール、みなでこの本を作ってくれたジョージ・オワーズ、ニール・デ・コート、マヌエラ・トクサンらPolity出版社のチームに感謝を伝えたい。アレックス・アンドリュースからは、この上なく有用な技術的アドバイスを受けた。そして初期の草稿を読んでくれたすべての人たちにも感謝する。ダイアン・バウアー、ベネディクト・シングルトン、スハイル・マリク、キース・ティルフォード、そしてアレックス・ウィリアムズたちだ。そして最後に（もちろん貢献が小さいから最後だというわけではない）、わたしを支え、そしてわたしに対してもっとも知的で挑戦的な批評家であり続けてくれたヘレン・ヘスターに感謝を捧げよう。

イントロダクション

今日、わたしたちは大規模な変化のなかを生きていると言われている。シェアリング・エコノミー、ギグ・エコノミー、第四次産業革命といった用語が散見され、イノベーションの精神に満ちた魅惑的なイメージの応酬がそれについてまわる。労働者としては、わたしたちは強制的な終身雇用から解放される運命にあり、提供したい商品やサービスであればなんであれ、売りに出して生計を立てる機会が与えられている。消費者としては、ありあまるオンデマンドサービスが提供されているし、あらゆる気まぐれな欲求を満たす通信機器のネットワークが与えられている。本書はこうした現代的な状況についてのものであり、現在のテクノロジーの具体的な現れ、すなわち、プラットフォーム、ビッグ・データ、

3Dプリンター、先端ロボット工学、機械学習、モノのインターネット、などを題材としている。もちろん本書はこうした事柄を扱った最初の本ではない。しかし他のそうした本と異なるアプローチを採用している。これまでの研究では、たとえばあるグループは、現在のテクノロジーの政治的な側面、とりわけプライバシーと国家による監視といった面に注目して言及してきたが、オーナーシップや利益といった観点は脇に退けられていた。別のグループは、法人がいかに固有の理念が具体化したものであるかを分析し、それが人間的な振る舞いを示さないことを批判している。だが、繰り返すが、この研究も、経済的な文脈や資本主義体制からの要請を無視している。[1] こうした新しい経済的なトレンドの発生を調査している学者たちもいるが、彼らはこうした現象を自然発生的なものとしてとらえていて、歴史的な文脈から切断している。彼らは、なぜわたしたちが今日こうした経済に置かれているのかを決して問うことをしないし、今日の経済が以前の問題にどのように呼応しているのかを認識していない。最後に、数々の分析を通じて、スマート・エコノミーが労働者たちに対してどれほど貧弱なものであるか、またデジタル労働が資本と労働者の関係をどれほど変えたかについての報告もなされているが、これらの分析も、より広範な経済的トレンドや資本家間競争についての分析は施していない。[2]

本書は、資本主義およびデジタルテクノロジーの経済史を考えることで、上に挙げたようなさまざまな見解を補填することを目指している。また同時に、経済的形態の多様性や現代の経済システムに内在する競合する諸力について認識することを試みる。単純に言えば、本書の力点は、メジャーなテック企業を、資本主義的な生産様式の枠内における経済的なアクターとして考えることによって、そうした企業について多くのことを理解できるようにする点にある。つまりこれは、西海岸的イデオロギーによって定義される文化的アクターとしてのテック企業という面や、権力を操ることを目指す政治的アクターとしてのテック企業という面を捨象することを意味している。だが逆に、文化的政治的なアクターとしてのそうした企業も、たとえ競争を考慮しないとしても、利益を追い求めることを余儀なくされている。つまり、将来どういったことが起こるのかについての予見可能ないしは予言可能な領域は、経済的なものとの関係によって、厳しく規定されているのである。とりわけ指摘しておきたいのは、資本主義は、企業が絶え間なく利益のための新しい試みや新しい市場、新しい商品や新しい搾取の手段を追求するよう要求しているということで

（1）Morozov, 2015b.
（2）Huws, 2014.

ある。もちろん、労働にではなく資本を焦点とするこの観点を、通俗的な経済至上主義だとみなす者たちもいるだろう。だが、労働運動が致命的なまでに弱体化した今日の世界においては、資本が作動因として第一の役割をもつと考えることだけが、現実を映し出す方法ではないだろうか。

そうなると、資本主義に対するデジタルテクノロジーの効果を見たいと望むならば、どこに焦点を合わせるべきだろう？　テクノロジーセクターに目を向ける、というのも不可能ではない。[3] しかし、厳密に言えば、このセクターは経済において比較的小さな部分しか占めていない。アメリカ合衆国では、近年でも、この産業は民間企業から獲得される価値のうちで六・八％を占めているに過ぎないし、労働力の二・五％を雇用しているにすぎない。[4] これと比べて、産業として力を失いつつある製造業は四倍もの労働力を雇用している。イギリスにおいても製造業はテックセクターに比べて三倍近くの労働者を雇用している。[5] こうしたことの理由のひとつに、テック企業が周知のごとく小規模である、ということがある。Google社は六万人、Facebook社は一万二〇〇〇人を直接雇用しているが、他方でWhatsAppはFacebookに一九億ドルで売却されたとき、社員は五五人しかいなかったし、Instagramが一〇億ドルで売却されたときも一三人の社員しかいなかった。これと比べると、一九六二年のもっとも重要な会社ははるかに数多くの労働者を雇用していた。AT&Tは五六万四〇〇〇人を雇用していたし、Exxonは一五万人、GMは六〇万五〇〇〇人の労働者を雇っていた。[6] つまり、デジタル・エコノミーを論じるときは、標準的な分類によって定義される単なるテック部門以上の広がりがこの経済にあるということを忘れてはならない。

先に定義しておくと、デジタル・エコノミーとは、ビジネスモデルとして、情報技術、データ、およびインターネットにさらに依存を強めているビジネスのことを指す。これは従来の部門、すなわち製造業、サービス業、輸送業、鉱業、電気通信業などを超越した領

（3）「テクノロジーセクター」[=テックセクター]という語句はしばしば明確化されることなしに用いられるが、わたしたちは本書では北米産業分類システム（NAICS）とその分類コードにしたがってこのセクターを定義しようと思う。この分類システムによれば、テックセクターは以下の産業を含むと考えられる。コンピューターおよび電気製品の製造業（分類コード334）、電気通信（517）、データプロセッシングとホスティング、およびその関連分野（518）、その他の情報サービス（519）、およびコンピューターシステムのデザインと関連分野（5415）。

（4）Klein, 2016.

（5）Office for National Statistics, 2016b.

（6）Davis, 2015: 7.

域であり、実際に、今日の主要な経済に対する不可欠な要素となりつつある。こうしたことを踏まえると、デジタル・エコノミーとは、単純な部門別の分析によって示唆されるものよりもはるかに重要なものである。第一の理由として、それは現在の経済におけるもっともダイナミックな部門に見えるからだ。すなわちそれは、絶え間なくイノベーションが現れると噂され、経済成長を牽引しているような領域に思えるからだ。デジタル・エコノミーは、それなしでは停滞しているように思える経済状況のなかで、導きの光のようなものだ。第二の理由としては、デジタル技術は、金融がそうであるのと同じく、システム的な意味で重要なものとなっていることがある。デジタル・エコノミーは、現代の経済にとって、ますます普及していくインフラストラクチャーなのだから、その崩壊は経済的な大打撃となるだろう。最後の理由として、デジタル・エコノミーは、そのダイナミズムによって、現代の資本主義をより広い意味で正当化することができる理念として提示されるからである。デジタル・エコノミーは支配的なモデルになりつつある。都市はますますスマートになるべきだとされ、数々のビジネスが存続不可能となり、労働者たちはますます流動性を高め、統治者たちは無駄をなくしデータを重んじる。こうした環境のなかでは、ハードワークをする者たちが、変化に対して優位を占め、勝利を収める。あるいはそのように教えられている。

本書の議論は、製造業の利益率が長きにわたって減少していくなかで、不活発な生産部門に直面しつつ経済的な成長と活力を保持するために、資本主義がデータの方へと向きを変えてしまったという事態を扱っている。二一世紀は、デジタル技術の変化を基盤に、企業にとって、あるいは労働者、消費者、および他の資本家と企業の関係にとって、データがますます中心的なものとなった時代である。プラットフォームが新しいビジネスモデルとして現れ、大量のデータを抽出し、管理している。こうした変化とともに、わたしたちは数々の巨大な独占企業が出現するのを目にした。今日、高所得あるいは中程度の所得の者たちの資本主義経済では、これらの企業による支配がいっそう高まっている。本書で概略的に示した力学を信頼するなら、この傾向が弱まることはない。本書の目的は、これらのプラットフォームをより広範な経済学の歴史の文脈に位置づけることであり、利益を生み出す手段としてそれらを理解し、それらが結果的に作り出したいくつかの傾向の概略を述べることにある。

部分にもよるが、本書はいくつかの発表済みの論考を総合したものである。第一章の議論は経済史のものに近く、二〇〇八年以降の今日の経済の基礎を作った様々な危機について解説している。この章は、新興の技術を深いレベルでの資本主義的傾向からの帰結として歴史的に位置づけ、それらが搾取と排除と競争のシステムにどれほど関係しているのかを示す。第二章の題材は、テクノロジー産業を追いかけてきた人たちにはかなり知られているに違いない。この章は、いくつかのやり方で、テクノロジー産業の世界で進行している様々な議論に明確な見通しを与えるものであり、各種プラットフォームの類型と発生を説明する。それとは対照的に、第三章は、誰にとっても新しいものを提供したいと望んでいる。先の二章の議論を元に、この章ではいくつかの有力な傾向性を引き出し、プラットフォーム資本主義の大まかな先行きを予想したく思う。こうした前向きの経過予測は、あらゆる政治的プロジェクトにとって不可欠なものである。過去および未来をどのように概念化するかということが、今日の社会を変えるための政治的方策を戦略的に思考し展開するために重要なのである。端的に言えば、新興のテクノロジーに対して、それを蓄積の新たなレジームを創設しているとみるか、あるいはそれをかつてのレジームの継続とみるかでは、大きな違いがある。この違いは危機の可能性に影響するし、その危機がどこから発生するのかを決定することにも影響する。そしてこのことは、資本主義下での労働のありうべき将来を思い描くことにも影響する。本書の議論は、状況の見た目の新規性が長期的な傾向を見えなくさせていることを論じるのみならず、今日現れてきている変化は重要なものであり、二一世紀の左派にとって把握されねばならないものであることも論じている。わたしたちの位置をより広い状況のもとで理解することが、状況を変えるための戦略を創造する第一歩なのである。

第一章　長い停滞

同時代の状況を理解するには、それが先行するものとどのようにつながっているのかを知る必要がある。まったく目新しいと思われる現象が、歴史的な観点からすれば連続しているだけだと明らかになることもある。この章でわたしは、資本主義の比較的近年の歴史のなかで、目下の危機と特に関連する三つの契機があることを論じる。すなわち、一九七〇年代の景気後退に対する反応、一九九〇年代の好況と不況、二〇〇八年の金融危機に対する反応の三つである。それぞれの契機が新たなデジタル・エコノミーを準備し、それがどのように発展していくかを規定した。まずすべては、資本主義の一般的な経済システムと、それが企業と労働者に課す義務と制限という文脈に置かれなければならない。資本主義は信じられないほどフレキシブルなシステムだが、ある不変の特徴も備えていて、この諸特徴はどんな時代においても広範囲に妥当する条件として機能する。わたしたちが今日の状況の原因、力学、帰結を理解しようとするのなら、まずは資本主義がどのように作動するのかを理解しなければならない。

資本主義は、今日までのあらゆる生産様式のなかでも比類ないものであり、生産性のレベルを計り知れないほど高めることに成功している。(1) これは急ペースで成長し生活水準を押し上げる資本主義経済に前代未聞の力があることを示している。資本主義を他とは異なるものにしているのは何か？(2) これは心理学的な仕組みでは説明できない。すなわち、あるとき、わたしたち全員が、先祖がしていたよりもっと貪欲にもっと効率的に生産しようと決めたのだ、というふうな説明はできない。そうではなく、資本主義の生産性増加を説明するのは、社会的な関係における変化、とりわけ所有関係の変化である。資本主義以前の社会では、生産者は自らの生計手段を直接手にしていた。たとえば農耕や住宅のための土地がそうだ。そうした条件下では、ある人の生産過程がどれだけ効率的かということで、生存が決定されるわけではなかった。自然の周期の気まぐれによっては、一年間で作物が十分な水準まで成長しなかったかもしれないが、それは構造的なものではなく、偶然的な制約だった。ただ生存に不可欠な資源を得るのに十分なくらい熱心に働くことだけが必要とされていた。資本主義のもとで状況は変化した。いまや経済的な行為主体は生産手段から切り離され、生きるのに必要な商品を手に入れるために市場へと向かわなければならない。市場は数千年ものあいだ存在してきたが、資本主義のもとで、経済的主体は、独特のしかたで、市場への「総合的な」依存に直面した。そのため生産は市場本位となった。人は生活必需品を購入するのに必要なお金を稼ぐために、商品を売らざるをえない。しかし、現在では膨大な数の人々が市場で商売をしなければならないので、生産者は競争圧力に直面する。値段が高すぎると商品は売れず、事業はすぐに失敗してしまうだろう。結果として、市場への総合的な依存は、価格に対して生産コストを削減するという構造的な要請をもたらした。これは様々な仕方で遂行されうる。だがもっとも重要な方法は、労働過程への効率的な機械技術の採用、専門［のニッチ］化、競合相手の妨害である。こうした競争行為の結果は、まもなく資本主義の中期的傾向のうちに現れた。価格はほとんど元値の水準にまで下落し、異なる産業部門のあいだで利益は均一化し、資本主義の究極論理として

（1）文中に断りがない限り、「生産性」は全要素生産性（TFP）ではなく労働生産性を指す。
（2）以下の段落は Brenner, 2007 におけるロバート・ブレナーの見解を要約している。

容赦ない成長が課せられる。この資本蓄積の論理は、ビジネス上の決定に埋め込まれた、暗黙かつ自明の要素となっている。誰を雇用すべきか、どこに投資すべきか、何の事業を設立すべきか、何を生産すべきか、誰に売るべきか、などに関するあらゆる決定に、この論理が埋め込まれているのである。

この資本主義の図式的モデルのもっとも重要な帰結のひとつは、それが絶えざる技術革新を要求することである。コストを削減し、競争相手を打ち負かし、労働者を管理し、交替時間を短くし、マーケットのシェアを獲得する取り組みのなかで、資本家は労働過程をひんぱんに変化させることにインセンティブをもつ。資本家たちが労働生産性をつねに向上させ、効率的に利益を生んでお互いに出し抜こうとすること、これこそが資本主義の底知れないダイナミズムの源泉であった。だが、テクノロジーもまた、別の理由で資本主義にとって中心的なものである。その理由については後ほどより詳しく検討する。テクノロジーはたいてい労働者を単純作業に従事させ、(再教育を目指す逆向きの潮流もあるとはいえ) 多くの熟練労働者を用無しにするべく用いられてきた。[3] テクノロジーによるこうした単純労働化は、頭脳労働の工程を売り場の労働者の手に任せておくのではなく、それを経営者へと移し替えるのみならず、より安価で従順な労働者を招き入れ、熟練者と置き換えることを可能にする。しかしながら、こうした技術革新の背後には競争と闘争がある。それは他の階級に損害を与えて勢力を強めようという階級間の闘争でもあり、社会の平均よりも生産コストを下げるという資本家間の競争でもある。本書の中心にある変化で重要な役割を果たすのは、とりわけ後者の働きである。だが、デジタル・エコノミーについて理解する前に、わたしたちはそれ以前の時代を振り返らなければならない。

戦後特例の終わり

多くの人たちにとってますますはっきりしてきたことだが、わたしたちは、戦後処理の失敗といまだに折り合いをつけようとしている時代を生きている。トマ・ピケティは、第二次世界大戦後の不平等の縮小は資本主義の原則にとって例外であったと主張している。また、ロバート・ゴードンは、二〇世紀半ばの高い生産性の向上は歴史的基準からすると例外だと考えている。さらに、左派の多くの思想家が、戦後期は資本主義にとって持続不

(3) Braverman, 1999.

可能なほど好都合だったと長らく論じてきた。[4] こうした例外期間——国際的なレベルではその本質的なリベラリズムによって、国民国家のレベルでは社会民主主義的総意によって、経済的なレベルではフォーディズムによって、広い範囲で規定される期間——は一九七〇年以降、瓦解してきている。

高所得経済圏の戦後状況を特徴づけたのは何か。わたしたちの目的にとっては、(網羅的ではないが)ふたつの要素がきわめて重要となる。ビジネスモデルおよび雇用の性質という二点である。第二次世界大戦の荒廃の後、アメリカの製造業は世界的にみて支配的な地位にあった。このことは、自動車産業がパラダイムとして機能するなかで、フォード的方針にしたがって建設された大規模な製造プラントによって示されていた。これらの工場は、大量生産、トップダウンの経営管理、そして需要急増の際に追加の労働者と在庫を要求する「万一のときのための(just in case)」取り組みを目指すものであった。労働過程は「フレデリック・」テイラーの原理に従って組織されていた。この原理は、労働をより小さな単純作業からなる諸要素に分解し、もっとも効率的な仕方で再編成することを要求するものであった。そこでは大量の労働者がたったひとつの工場に集められた。これが労働者集団を生み出した。この集団は同僚労働者が同じ待遇を共有しているということに基づいて、集団アイデンティティーを醸成することができた。この時期の労働者を代表していたのは労働組合であり、組合は資本家との均衡を実現し、より急進的な事業戦略を抑制していた。[5] 団体交渉は賃金が健全なペースで上昇することを保証し、労働者は次第に、比較的安定した仕事、高賃金、そして年金の保証を伴い製造業へと組み込まれていった。これと同時に、福祉国家が労働市場の外に残された人々に富を再分配した。

戦争で同種の競合相手がダメになったことにより、アメリカの製造業は利益を得て、それが戦後期の原動力となった。[6] それでもなお日本とドイツにはそれぞれの比較優位があった——はっきりと相対的に安価な労働コスト、技術ある労働力、有利な為替レート、そして日本の場合、政府、銀行、主要企業のあいだのきわめて協力的な制度構造がそれである。さらに、アメリカのマーシャル・プランが、そうした国々とのあいだに輸出市場拡大と投資水準上昇の基礎を築いた。一九五〇年代と一九六〇年代のあいだ、日本とドイツの製造

(4) Piketty, 2014; Gordon, 2000; Glyn, Hughes, Lipietz, and Singh, 1990.
(5) さまざまな点で、この均衡は労働運動の成功を反映してというよりは、急進的な労働者と製造現場での社会運動の挫折の結果だった。
(6) 以下の三つの段落は、Brenner, 2006 の記述に大いに依拠している。

業は生産高と生産能力の点で急速に成長した。もっとも重要なのは、世界市場が発展し全世界規模で需要が増大するにつれ、日独の企業がアメリカ企業のシェアに食い込みだしたことである。突如として、世界市場に製品を供給する多様な大企業が存在することになった。結果として、世界の製造業は、工業製品の価格に下方圧力を与える過剰設備と過剰生産の段階に達してしまった。一九六〇年代半ばまでに、アメリカの製造業は日独の競合企業によって価格の面で切り崩され続け、このことが国内企業の収益力の危機を招いた。合衆国の高い固定費用は、端的に、もはやその競合の価格に太刀打ちできなかった。一連の輸出率の調整を経て、この危機的な収益性は最終的に日本とドイツへと伝播していき、一九七〇年代の世界恐慌を準備していた。

収益力が低下するなか、製造業者らは自分たちの事業の立て直しに取り組んだ。第一に、企業は成功した競合他社にならい、彼らを手本とした。アメリカのフォード方式は日本のトヨタ方式に取って代わられることになった。[7] 労働過程では生産が効率化された。一種のハイパー・テイラー主義が工程を最小の要素へと細分化し、シークエンスのなかの障害やダウンタイムがほぼ確実に少なくなるようにした。作業工程全体はできるだけ無駄のないように再編成された。株主や経営コンサルタントはだんだんと、企業に対して、予算を切り詰めて核となる能力だけにし、余分な労働者をレイオフして在庫を最小限に保つよう言いだした。このことは、次第に洗練されるようになったサプライチェーン・ソフトウェアの進歩によって、必須かつ可能なものとなった。製造業者が必要とする［材料の］供給が要求できるようになり、その供給が期待通りに届くようになったのである。それから、均質な商品を大量生産することから撤退して、消費者の需要に応えたカスタマイズされた商品への移行がおこった。しかしこうした取り組みも、自分たちの収益性を高めようとする日本とドイツという競争相手による対抗事業に加えて、新たな競争相手（韓国、台湾、シンガポール、やがては中国）の登場に直面した。結果として、国際競争は継続し、生産過剰と価格を下げる圧力が残った。

収益力を回復させるふたつ目の主要な試みは、労働力への攻撃をつうじてなされた。西側世界の労働組合が徹底的な攻撃を受け、最後にはつぶされた。組合は新たな法的なハードル、多様な産業の規制緩和、それに続いて起こった会員数の減少に直面した。企業はこれに乗じて賃金を削減し、ますます作業を外部に委託した。初期の外部委託は輸送で

（7）Dyer-Witheford, 2015: 49–50.

きる商品（例：小型の消費財）の仕事と関わっていたが、交換不可能なサービス（例：管理）や交易不可能な商品（例：家）は残されていた。だが一九九〇年代には、情報コミュニケーション技術がこうしたサービスの多くをオフショアすることを可能にし、対面での接触を必要とするサービス（例：散髪、ケア労働）と、そうではない非個人的なサービス（例：データ入力、カスタマーサービス、放射線技師など）との間に相対的な区別が設けられた。[8]前者はアウトソーシング不可能なまま残ったが、後者はますます増加するグローバルな労働市場からの圧力にさらされた。ホスピタリティ［関連の産業］は、この一般的傾向をはっきりと示す実例を提供している。合衆国におけるフランチャイズのホテルの割合は、一九六〇年代にはごくわずかな数値だったのが、二〇〇六年には七六％以上に増加した。これと並行して、ホスピタリティと関連する他のあらゆる仕事、すなわち、クリーニング、管理、設備点検、清掃を委託する動きがあった。[9]この転換の裏には、収益レベルを維持する取り組みのための手当と負担コストの削減という動因があった。これらの変化は、フレキシブルの度合いを高める雇用、低賃金、経営者からの圧力への従属とともに、その以降わたしたちが見てきた長期にわたる傾向をもたらした。

ドットコム・バブルとその崩壊

結果として一九七〇年代は、長らく先進国経済のベースラインだった製造業の収益力が長引く不振に陥るための準備を整えた。合衆国における製造業の健全な成長の期間は、プラザ合意（一九八五年）でドルが切り下げられて始まった。しかし、日本経済崩壊への恐れから円とマルクが下落すると、製造業はふたたび不況に陥った。[10]さらに、一九七〇年代の低迷から経済成長率は回復したが、それでもG7諸国ではどこも、経済と生産性のどちらの成長率にも下降傾向が認められた。[11]特筆すべき例外は、一九九〇年代のドットコム・バブルと、それに伴うインターネットの可能性への熱狂的な関心である。実際、一九九〇年代のバブルは、シェアリング・エコノミー、モノのインターネット、その他のテクノロ

（8）Blinder, 2016.
（9）Scheiber, 2015.
（10）Brenner, 2002: 59-78, 128-33.
（11）Antolin-Diaz, Drechsel, and Petrella, 2015; Bergeaud, Cette, and Lecat, 2015.

ジーが実現するビジネスへの今日の陶酔を大いに思わせる。こうした近年の発展の命運が同じように下向きの道筋を辿るのかどうか、それを明らかにするのは次の章までとっておこう。現在のわたしたちの目的にとって、一九九〇年代のバブルとその崩壊のもっとも重要な局面は、デジタル・エコノミーのためのインフラ基盤の敷設と、経済問題を受けたきわめて緩和的な金融政策である。

結局のところ、一九九〇年代のバブルは実質的には、そのときまでほとんど非商業的だったインターネットが決定的に商業化したということである。それは金融投機に突き動かされた時代だった。今度は多数のベンチャー・キャピタル（ＶＣ）がそれを助長し、株価算定は高い水準を示した。プラザ合意が暗転し、合衆国の製造業が行き詰まり始めると、テレコミュニケーション分野は一九九〇年代後半の金融資本の格好の出資先となった。それは広大な新しい領野であり、利益追求への要請は、人やビジネスがオンラインになることでもたらされる可能性に飛びついた。最盛期には、合衆国の国内総生産（ＧＤＰ）のほぼ一％が、テック企業に投資されたＶＣだった。また、ＶＣの取引の平均規模は一九九六年から二〇〇〇年のあいだに四倍となった。[12] 全体として、五万社以上の企業がインターネットから利益を得るべく設立され、二五六〇億ドル以上がそれらに提供された。[13] 投資家は将来の収益性への希望を追いかけ、企業は「成長は利益に優先する」モデルを取り入れた。こうしたビジネスの多くは収益源を欠いており、さらにはなんらの利益も得ていなかったが、急速な成長によって市場シェアを獲得し、新たな主要産業として想定されたものを最終的に支配できると期待された。今日に至るまでインターネットを基盤とした分野を特徴づけてきたもののなかでは、企業が市場の独占支配を目指すことが要件となっていたように思える。生き馬の目を抜く黎明期に、投資家たちは熱心に加わり、最終的な勝者を選び取ることを望んだ。株式市場がテクノロジー株に熱狂したため、多くの企業はVCに頼る必要はなかった。借り入れコストの低下と企業利益の増加に当初後押しされ、[14]インターネットを基盤とした企業が約束する「新しい経済」に株式市場が飛びついたとき、株式市場は実体経済から解き放たれて急騰した。一九九七年から二〇〇〇年の最盛期に、テクノロジー株は三〇〇％上がり、時価総額は五兆ドルにのぼった。[15]

(12) Perez, 2009; Goldfarb, Kirsch, and Miller, 2007: 115.
(13) Goldfarb, Pfarrer, and Kirsch, 2005: 2.
(14) Brenner, 2009: 21.
(15) Perez, 2009.

この新たな産業への興奮は、結果として、インターネット関連の固定資産への大規模な資本投入につながった。コンピューターと情報技術への投資は数十年間つづいたが、一九九五年から二〇〇〇年のあいだの投資レベルは今日まで類を見ない。一九八〇年、コンピューターと周辺技術への年間投資規模は五〇一億ドルだった。一九九〇年までに一五四六億ドルに達し、バブルの絶頂期である二〇〇〇年には四一二八億ドルの比類ない額となった。[16] グローバルな規模での推移も同様であった。低所得経済圏において、テレコミュニケーションは一九九〇年代の外国直接投資の最大部門であって、三三一〇億ドル以上が投資された。[17] 企業はコンピューター設備を最新のものにするのにとてつもない力をかけはじめ、これがアメリカ政府による一連の法規変更と結びつき、[18] 新たなミレニアルの初期にインターネットのメインストリームの基礎を築くことになった。具体的にはこの投資は次の結果をもたらした。数百マイルの光ケーブルと海底ケーブルが敷設され、ソフトウェアとネットワークデザインの重大な進歩が確立され、データーベースとサーバーへの大規模投資がおこなわれた。世界規模のコミュニケーションとサプライチェーンをより容易に構築し管理できるようになったことで調整コストが大幅に軽減されると、この過程は一九七〇年代に始まったアウトソーシングの傾向をも加速させた。[19] 企業はますます部品を国外へ押しつけ、Nike はスリムな会社の象徴となった。ブランディングとデザインは高所得経済圏で管理される一方で、製造と組立は低所得経済圏の搾取工場［スウェットショップ］に外部委託されていた。いずれにせよ、一九九〇年代のハイテクブームは、来るべきデジタル・エコノミーの基礎を築いたバブルであった。

一九九八年、東アジアの危機が速度を増すにつれ、米国のバブルもつまずき始めた。バブルの崩壊は連邦準備［制度］による矢継ぎ早の金利引き下げによって避けられた。これらの引き下げは、長期にわたる超緩和的通貨政策の始まりを告げた。その暗黙裡の目的は株式市場を値上がりさせ続けることにあった。たとえそれが企業や株主らの「理由なき熱狂」[20]によるものでもよかった。企業と株主の名目上の財産を増加させ、それによって彼らの投資と消費の傾向を高めるための努力がなされた。合衆国政府が負債を削減しようとした世界では、財政出動など問題外だった。この「資産価格ケインズ主義」が、赤字財政支

(16) Federal Reserve Bank of St Louis, 2016b.
(17) Comments of Verizon and Verizon Wireless, 2010: 8n12.
(18) Schiller, 2014: 80.
(19) Dyer-Witheford, 2015: 82–4.
(20) Greenspan, 1996.

出と競争力のある製造業がないなかで経済成長するための、もうひとつの方法をもたらした。[21] これはアメリカ経済における注目すべき転換だった。米国の製造業が復活しないのであれば、収益力は必然的に別の分野に求められた。そしてこれはしばらくのあいだ上手くいった。新興インターネット企業へのさらなる投資が促され、NASDAQ（全米証券業協会自動相場）の株式市場がピークに達する二〇〇〇年まで、資産バブルは進行しつづけた。金融緩和政策への依存は二〇〇一年の暴落のあとも続き、[22] それは九・一一テロをきっかけとした金利引き下げと新たな流動性の供給のあいだもずっと続いていた。こうした中央銀行の介入の効果のひとつに、住宅ローン金利を引き下げたことがあり、それは住宅バブルの状況を促進した。引き下げられた金利は金融投資におけるリターンを引き下げ、新たな投資先を探さざるをえなくした——この探索は最終的にサブプライム住宅ローンから得られる高いリターンに帰着し、次の経済危機の発端となった。緩和的な金融政策は一九九〇年代のバブル崩壊の重大な帰結のひとつであり、それは今日まで続いている。

二〇〇八年の経済危機

二〇〇六年に米国の住宅価格が曲がり角を迎え、その衰微は他の経済を圧迫しはじめた。同じくして世帯財産も減少し、それは消費の低迷と最終的に一連の住宅ローン不払いへとつながった。金融システムと住宅ローン市場との結びつきがますます強いものになっていたため、住宅価格の下落が金融セクターをめちゃくちゃにすることは避けられなかった。ゆがみは二〇〇七年に現れ始めた。その年、ふたつのヘッジファンドが不動産担保証券に大いに巻き込まれ、破綻した。二〇〇八年九月に、リーマン・ブラザーズが倒産し本格的な危機が炸裂し、全ての構造が壊れた。

直後に迅速で大規模な対応があった。連邦準備制度は七〇〇〇億ドルもの財政支援を銀行におこない、流動性を援助し、預金保険の範囲を広げ、主要銀行の所有権さえ分け持った。大規模な財政支援、不安定な企業への援助、緊急の税引き下げ、諸々の自動安定化制

(21) Brenner, 2009: 23.
(22) Rachel and Smith, 2015.

度を通じて、政府は最悪の経済危機を避けるため、銀行の赤字増加の負担を引き受けた。結果として、以前の高いレベルの個人債務は、危機以後、高いレベルの公的債務へと移し替えられた。同時に、中央銀行は世界の金融秩序の崩壊に挑み、これを防ぐため踏み出した。合衆国は債権の流通経路を保証し続けるため、流動性を担保するための数々の対策を開始した。銀行に対して緊急貸付がおこなわれ、必要なドルへのアクセスを確かなものとするため、通貨スワップ協定が一四の異なる国々と結ばれた。しかし、もっとも重要な措置は、世界中の主要な金利が急激に下落したことにあった。米国フェデラル・ファンドの目標金利は、二〇〇七年八月の五・二五％から二〇〇八年一二月までにゼロ〜〇・二五％となった。同様に、イングランド銀行はそのプライムレートを、二〇〇八年一〇月の五・〇％から二〇〇九年三月までに〇・五％に下げた。危機は二〇〇八年一〇月に激しさを増し、それにより六つの主要中央銀行は国際的に協調して金利を引き下げた。二〇一六年までに金融政策機関は金利を六三七回下げた(23)。これは経済危機以後の期間にまで続き、グローバル経済における低金利環境を確立した。これは今日のデジタル・エコノミーの勃興を可能にする主要条件であった。

だが、経済崩壊という直近の脅威が去ると、政府には突如として莫大なつけが残された。政府の赤字が数十年ふえ続けた後で、二〇〇八年の経済危機によって、多くの政府は一見したところ、より不安定な地位に置かれた。合衆国の赤字額は二〇〇七年から二〇〇九年にかけて一億六〇〇〇万ドルから一四億一二〇〇万ドルに増加した。一部には政府の高い負債の影響への恐れから、一部には将来の経済危機のための財政資産を築く方法として、また一部には民営化と政府の縮小を続けようという階級的な企図として、先進資本主義諸国では緊縮が合言葉となった。政府は赤字を消し、負債を減らさなければならなかった。他国が政府支出のさらなる削減に直面しているとき、同じく合衆国も緊縮イデオロギーの優勢から逃れられなかった。二〇一二年の終わり、諸々の増税と歳出削減が導入された一方で、同時に、［二〇〇八年の］経済危機に対応して実施されていた減税は満期終了とされた。二〇一一年以来、負債は毎年減り続けている。しかしながら、ひょっとすると緊縮の考えがアメリカにもたらした最大の影響は、どんな新しい大規模な財政刺激策も政治的には不可能だということかもしれない。合衆国はインフラの顕著な老朽化を抱えているが、そこに至っても財政支出の議論は無視されている。このことは米国債上限に関して

（23）Khan, 2016.

ますます頻繁にとられる政治的態度において頂点に達している。議会に承認されたこの上限は、米国財務省がどれだけの債券を発行できるかを制限しており、米国の負債が高すぎると考える人々と、支出が必要だと考える人々との主要な論点になっている。

財政支出が政治的に受け入れられないため、低調な経済を復活させるためにはたったひとつの方法しか政府には残されていない。金融政策だ。その結果が一連の並外れた、前例のない中央銀行の介入である。わたしたちはすでに、低金利政策が継続していることを指摘した。だが、［金利が］ゼロ下限に固定されているので、担当機関はより型にはまらない金融調節手段へと向かうよう強いられている。[24]そのうちもっとも重要なのは、「量的緩和政策」である。それが意味するのは中央銀行による貨幣の鋳造で、それを使って様々な資産（例えば国債、社債、抵当権）を銀行から購入する。合衆国が二〇〇八年一一月に量的緩和の先陣を切り、英国は二〇〇九年三月にそれにならった。欧州中央銀行（ECB）は多数の国々の中央銀行という独特の立場もあり、動きがさらに遅かったが、二〇一五年一月にようやく国債の購入を始めた。二〇一六年の始めまでに、世界の中央銀行は一二・三兆ドル以上の資産を購入した。[25]量的緩和の使用を支持する最初の議論は、それが他の資産の収益を下げるはずだというものである。伝統的な金融政策が短期金利を変更することで主として機能するとすれば、量的緩和はより長期の金利と代替となる資産に働きかけようとする。ここで鍵となるアイデアが「ポートフォリオ・バランス・チャンネル（ポートフォリオ・バランス経路）」である。それぞれの資産が互いに完全に置換可能ではない（それらは異なる価値、異なるリスク、異なるリターンをもつ）とすれば、ある資産の供給を断ったり、制限することは、別の資産の需要に影響する。特に国債の供給を減らすことは、他の金融資産の需要を増加させるはずである。それ［＝量的緩和］は債券（例えば社債）の利回りを下げるだけでなく、信用を緩和することで株式（例えば企業株式）の資産価値を上げ、消費を促す資産効果を後に生み出すことになる。エビデンスはいまだ準備段階だが、量的緩和はこのような仕方で影響をもたらしているようである。つまり、企業の利回りは低下し、証券市場は高騰する。[26] 経済回復のほとんどを二〇〇七年以来あらたに発行された四・

（24）ゼロ下限、あるいは流動性の罠の議論によれば名目金利はゼロ以下にできない（そうでなければ、貯蓄者は自身の金を引き出し、いわゆる「マットの下」に隠してしまうだろう）。その結果、担当機関は名目金利をゼロ以下に下げられない。詳細はKrugman, 1998を参照。近年、中央銀行に預けられている準備金にマイナス金利を課しはじめている国もあるが、この政策の影響はいまのところごく小さいと思われ、そのねらいに反しているだろう（例えば融資を増やすのではなく減らしている）。

（25）Khan, 2016.

表 1.1　国内・国外貯蓄

	貯蓄（10 億米国ドル）	国外貯蓄（10 億米国ドル）	国外貯蓄（%）
Apple	215.7	200.1	92.8
Microsoft	102.6	96.3	93.9
Google	73.1	42.9	58.7
Cisco	60.4	56.5	93.5
Oracle	50.8	46.8	92.1
Amazon	49.6	18.3	36.9
Facebook	15.8	1.8	11.4
合計	568.0	462.7	81.5

出典：10-Q or 10-K Securities and Exchange Commision (SEC) filings from March 2016

七兆ドルの社債に依存させているので、これは経済の非金融分野にも同様に影響を及ぼしているだろう。[27] わたしたちの目的にとってもっとも重要なのは、中央銀行が作り出した全般的な低金利環境が幅広い金融資産の収益率を減らしているという事実である。その結果、高い利回りを求める投資家はますますリスクのある資産に手を伸ばさなければいけなくなっている。例えば、採算がとれず実績もないテクノロジー企業に投資することがそうだ。

緩和的な金融政策に加えて、近年、企業の保有現金とタックスヘイヴンの顕著な増大がある。合衆国では、二〇一六年一月現在、企業は一・九兆ドルを現金と現金様の投資で——つまり、低金利で流動的な資産で——保持している[28]。これは部分的にはより高いレベルの法人貯蓄へと向かう、長期的で世界的な傾向である[29]。だが、保有現金の上昇は経済危機以後の企業利益の急騰とともに加速している。さらに、General Motorsといったわずかな例外を除いて、これはテクノロジー企業が優勢となる現象である。こうした企業は異なる管区へ（工場全体ではなく）知的財産を移動しさえすればよいので、脱税はとりわけ容易である。表1・1は、主要なテクノロジー企業が保持する貯蓄の総額、そして国外系列会社がオフショアで保持する総額をまとめている[30]。

これらの数字はとてつもない。Googleの総計はUberやGoldman Sachsを買収するのに十分であるし、Appleの蓄えはSamsung、Pfizer、Shellを買収するのに十分である。しかし、こうした数字を適切に理解するには、いくつか注意が必要だ。まず、これらはそれぞれの企業の負債と借金を考慮していない。だが、歴史的に低い利回りによって、多くの企業は国外資産を本国に戻して法人税を払うよりも、新たに借金するほうが安上がりだ

（26）Joyce, Tong, and Woods, 2011; Gagnon, Raskin, Remache, and Sack, 2011; Bernanke, 2012: 7.
（27）Dobbs, Lund, Woetzel, and Mutafchieva, 2015: 8.
（28）Spross, 2016.
（29）Karabarbounis and Neiman, 2012.
（30）貯蓄は保有する現金、現金同等物、市場性証券を指す。

と分かっている。こうした企業のＳＥＣ（米国証券取引委員会）提出書類では、これほど高いレベルのオフショア資産を保持している理由は租税回避のためだと明確に述べられている。したがって、これらの企業による社債の利用は、租税回避の戦術という文脈に置く必要がある。これはタックス・ヘイヴンの利用拡大というもっと広範な傾向の一部でもある。経済危機をきっかけに、国外資産は二〇〇八年から二〇一四年にかけて二五％増加した。[31] これは結果として、タックス・ヘイヴンにある約七・六兆ドルの家計金融財産につながった。[32] これらすべてにおいて二重のポイントがある。一方で、脱税と現金貯蓄は米国企業――特にテクノロジー企業――に莫大な量の投資資金をもたらした。この企業貯金の過剰な供給は――直接的にも間接的にも――しっかりしたリターンを得るため、より危険な投資の追求を増加させる緩和的な金融政策と結びついた。他方で脱税は、その定義から、政府歳入の流出であり、したがって緊縮を悪化させている。タックス・ヘイヴンに消えている巨額の税金は、ほかのどこかで補わなければならない。その結果が、財政刺激策のさらなる制限と、正攻法でない金融政策への大きなニーズである。脱税、緊縮、異例の金融政策は、どれも互いを補強しあっている。

現在の事態を説明するためには、さらにもうひとつの要素を付け加えなければならない。

雇用状況である。共産主義の崩壊によって、いっそうのプロレタリア化といっそうの過剰人口が進むという長期的な傾向がある。[33] 今日、世界中の多くの人々が、市場の媒介により、不安定で短期的な仕事によって収入を受け取っている。この予備軍は二〇〇八年の経済危機以後、顕著に拡大した。経済危機の最初の一撃は失業者を全面的に激増させた。合衆国では［失業率は］危機以前の五％から高いときで一〇％へと倍加した。失業者中に占める長期失業の割合は一七・四％から四五・五％へと悪化した。つまり、多くの人々が職を失っただけでなく、長期にわたってそのままとなった。今日でさえ、長期失業は危機以前のどの時点よりも高いレベルに留まっている。これらすべての影響が、残った就業人口への圧力となっている。すなわち、就業人口においても、週当たり所得の低下、家計貯蓄の減少、借金の増加が見られる。合衆国における個人預金額は、一九七〇年代の一〇・〇％以上から危機以後の約五・〇％へと低下し続けている。[34] 英国の家計貯蓄は三・八％へと減

（31）Zucman, 2015: 46.
（32）Ibid., 35. 注意すべきことに、この概算は紙幣（約四〇〇〇億ドルと見積もられる）および租税回避にも用いられる芸術作品、宝石、不動産などの実物資産を含んでいない。
（33）Srnicek and Williams, 2015: ch. 5.
（34）Federal Reserve Bank of St Louis. 2016a.

少したが、これはここ五〇年で、一九九〇年代以来の、低調で長期にわたる傾向である。[35]こうした文脈では、多くの人々は、手に入る仕事ならなんであれそれを選ばざるをえない。

結論

したがって、今日の状況は、長期の傾向と循環運動の産物である。競争と利潤追求がわたしたちの世界の一般的な指標を規定する資本主義社会に、わたしたちは生き続けている。だが、こうした一般的な条件の内部においても、一九七〇年代は大きな転換を作りだした。安定した雇用と非効率的で強大な工業企業から、柔軟な労働力とスリムな経営モデルへの転換である。一九九〇年代、インフラストラクチャーへの大規模投資につながる新たなインターネット産業のバブルを金融が推し進めたとき、テクノロジー革命が準備された。この現象は新しい成長モデルへの転換をも告げた。米国は自身の工業基盤にきっぱりと見切りをつけ、もっとも見込みある選択肢として資産価格ケインズ主義に向かった。この新たな成長モデルが、二一世紀初頭の住宅バブルにつながり、二〇〇八年経済危機への対応を駆動した。公的債務への世界的な懸念に苛まれ、各国政府は経済状況を緩和するため金融政策を転換した。これが、企業貯蓄の増加、タックスヘイヴンの拡大と結びつき、資金の過剰供給を蔓延させた。この資金は世界的低金利において、しっかりした投資レートを追い求める。結局のところ、労働者は経済危機の結果深く苦しみ、収入を得なければならないという必要性からの帰結として、労働条件の面できわめて搾取されやすくなった。これらすべてが今日の経済の舞台を準備している。

(35) Office for National Statistics, 2016b.

第二章　プラットフォーム資本主義

経済危機が訪れると資本主義は再編へ向かう。新しい技術、新しい組織形態、新しい開発の様態、新しい仕事の種類、新しい市場、これらすべてが富を蓄積する新たな方法を生み出すべく現れる。一九七〇年代の生産過剰の危機に見たように、製造業は労働者を攻撃し、さらにスリムなビジネスモデルとなることで回復しようとした。一九九〇年代初頭のバブル崩壊では、インターネットに基礎を置く企業は、利用可能な無料のリソースをマネタイズするビジネスモデルへと転換した。ドットコム・バブルの崩壊がインターネット企業への投資家の熱狂に影を落とした一方で、次の一〇年では、利用可能な権力と資本の量という点でテクノロジー企業が著しく発展した。二〇〇八年の経済危機以降にも、同様の転換があったのだろうか。先進資本主義諸国での主流な言説は「変化したもの」のひとつである。とりわけテクノロジーの進歩への注目が復活している。自動化、シェアリング・エコノミー、「Uber for X」についての際限のない話、そして二〇一〇年あたりからの、モノのインターネットに関する意見表明。こうした変化は、マッキンゼーによる「パラダイムシフト」[1]や世界経済フォーラム会長による「第四次産業革命」といった呼び名を与えられていて、もっと途方もない表現では、その重要性はルネサンスと啓蒙主義に比肩すると考えられてきた[2]。ギグ・エコノミー、シェアリング・エコノミー、オンデマンド・エコノミー、次の産業革命、サーベイランス・エコノミー、アプリ・エコノミー、アテンション・エコノミーなど、新たな用語が激増している。本章の課題はこうした変化を精査することである。

数多くの論者が次のように主張している。こうした変化はわたしたちが認知的、あるいは情報的、あるいは非物質的、あるいは知識経済に生きていることを表している、と。だがこれは何を意味しているのか。ここでわたしたちは、相互に関連しているがまったく異なったいくつもの主張を目にする。イタリアのオートノミズム［＝アウトノミズム］にとって、これは「一般的知性」に関する主張である。そこでは「集団的協働と知識が価値の源泉となる」[3]。この主張は、「労働過程は次第に非物質的になっており」、象徴と感情の利用と操作に向けられているということを含意してもいる。同様に、伝統的な工業労働者階級は徐々に「知識労働者」や「認知労働者（the 'cognitariat'）」に置き換えられる。また同じく、高所得経済圏の全般的な脱工業化も、「労働成果が非物質的になる」ことを意味している。例えば文化コンテンツ、知識、感情、サービスといったものがこれにあたる。これはウェブサイトを作ったり、オンラインフォーラムに参加したり、ソフトウェアを開発するといったかたちの幅広い寄与だけでなく、YouTubeやブログのようなメディアコンテンツも含んでいる[4]。関連する主張には「物理的商品はますます増大する知識を含んでおり」、それは商品に埋め込まれている、というものがある。例えば、もっとも基本的な農作物でさえ、その生産過程は無数の科学的、技術的知識に依存している。階級関係という別の面からは、今日の経済は新たな階級に支配されており、この新たな階級は生産手段で

（1）Löffler and Tschiesner, 2013.
（2）Kaminska, 2016a.
（3）Vercellone, 2007.
（4）Ibid.

はなく「情報の所有権」をもっている、と主張する者もいる[5]。ここにはいくらかの真理があるが、これによってこの階級が資本主義の外部に位置づけられるとするならば、話がおかしくなる。資本主義の原則が他と同じくこれらの企業にも有効だということを考慮すれば、こうした企業はいまだ資本主義的である。ただここには何か新しさがあり、それが何なのかを見分けることには価値がある。

本章の鍵となる主張は、二一世紀には先進資本主義は特定の素材、すなわちデータの抽出・利用に集中するようになったということである。しかし、データとは何かをはっきりさせることが重要である。まず、「データ」（何かが起こったという情報）と「知識」（なぜ何かが起こったかという情報）を区別しよう。データは知識を包含することもあるが、それは必要条件ではない。データは記録を、したがっていくらかの物質メディアを含む。記録された実体として、どんなデータもそれを捉えるセンサーと、それを保存する大規模なストレージ・システムを必要とする。データは非物質的ではない。そのことはデータセンターのエネルギー消費を一瞥すればすぐ分かる（そしてインターネット全体で世界の電力消費の九・二％を担っている）[6]。データの収集と分析は、スムーズで自動的な過程だと考えることにも慎重になるべきである。ほとんどのデータはそれを利用可能なものにするため、クリーニングし標準化されたフォーマットに整えなければならない。同様に、適切なアルゴリズムを生成することには、システムに学習セットを手動で組み込むことが含まれるだろう。要するにこれは、今日のデータ収集が、検知し、記録し、分析する膨大なインフラに依拠しているということを意味する。[7] 何が記録されるのか？ 簡潔に言うならば、「データ」とは抽出されるべき原料であり、ユーザーの「アクティヴィティ」はこの原料の天然の源だと考えるべきである。[8] まさに石油のように、データは抽出され、精製され、様々な

（5）Wark, 2004.

（6）Andrae and Corcoran, 2013 と US Energy Information Administration, n.d. のデータにもとづく著者による算出。さらなる情報は以下を参照。Maxwell and Miller, 2012.

（7）そのとりわけ啓発的な一例は気候科学に由来する。Edwards, 2010 を参照

（8）ここでわたしは原料についてのマルクスの定義を参照しよう。「人間にたいして本源的に食糧・既成の生活手段を与える土地（経済学的には水もこのうちに含まれる）は、人間の助力なしに、人間の労働の一般的対象として存在する。労働によって大地との直接的関連からひき離されるにすぎぬ一切の物は、天然に存在する労働対象である。たとえば、その生活要素たる水からひき離されて捕獲される魚や、原始林で伐採される木材や、鉱脈から割りとられる鉱石はそうである。これに反し、労働対象がそれ自身すでにいわばそれ以前の労働によって濾過されているならば、われわれはそれを原料と名づける。たとえば、すでに割りとられていてこれから洗浄される鉱石。」（Marx, 1990: 284-5 強調は引用者）［マルクス『資本論1（第一部全）』長谷部文雄訳、河出書房新社、二〇〇四年、一五一－一五二頁］

仕方で利用される物質である。より多くのデータを持てばもつほど、より多くのデータが利用可能になる。

データは少し前から利用できるようになった資源であり、以前のビジネスモデルでは（特にスリムな製造業における世界規模のロジスティクスを組織するうえでは）それほど活用されていなかった。しかし二一世紀に入り、単純な活動を記録されたデータに変えるために必要とされる技術は徐々に安価になった。さらに、デジタルベースのコミュニケーションへの移行により、記録も非常に容易になった。潜在的なデータの大規模な新領野が開かれ、生産過程の最適化、消費者の好みの理解、労働者の管理、新しい商品やサービスの基礎の用意（例えばGoogleマップ、自動運転車、Siri）、広告主への販売といったことのためにデータを抽出し利用する新しい産業が起こった。より早い時期の資本主義にもこれらすべての歴史的先駆けは存在していたが、莫大な量のデータを現在利用できるようになったことが、技術の転換にともなう新たな点であった。データは徐々に、ビジネスの周縁的な部分を示すものから、中心的なリソースになっていった。だが、データが資本主義の大転換を引き起こす原料になるとは今世紀初頭にはほとんど分かっていなかった。(9) Googleの初期の取り組みはただ、新聞やテレビという伝統的メディア拠点を広告収入で追い抜くためにデータを使っていただけだ。Google はインターネットを組織立てて様々なサービスをおこなったが、このことは経済的なレベルではまったく革命的変化ではなかった。しかし、インターネットが拡大し、企業がビジネスのあらゆる局面でデジタルコミュニケーションに依存するようになるにつれ、データは現代的な重要性をもつようになった。わたしがこの章で示したいことだが、データが資本主義的に鍵となる機能を果たすようになったのである。データはアルゴリズムを教育し、競争での優位を与える。労働者の調整と外部委託を可能にする。生産過程の最適化と柔軟性を確保する。低利益商品を高利益サービスへと変換することを可能にする。さらに正の循環によって、データ分析そのものがデータを生成する。データを記録し利用するかなりの利点と資本主義の競争圧力を考えれば、データというこの原料が、抽出の元となる莫大な新資源を代表するようになるのは避けられないことだったかもしれない。

今日までつづく資本主義企業の問題として、古いビジネスモデルは、データを抽出し利用するためにそれほどうまく設計されているわけではないということがある。彼らの経営

（9）この研究の範囲外ではあるが、ジェイソン・ムーアのチープ・インプットの概念と有益な関連を見いだせるかもしれない。Moore, 2015 の二章を参照。

手法は、情報のほとんどが失われる工場で商品を生産し、販売し、顧客や製品の用途についてなんら知りえない。リーン生産［＝工程を徹底的に効率化することで、作業時間や在庫数を削減しながら品質を維持した大量生産を可能にする方法。トヨタ生産方式（ＴＰＳ）と呼ばれることもある］の世界規模の物流ネットワークはこの点では進歩だったが、わずかな例外を除いて、同じくデータロスの多いモデルのままだった。資本主義企業が減少していく記録コストを最大限に利用しようとするなら、異なるビジネスモデルが必要不可欠となった。本章では、最終的に現れた新しいビジネスモデルが強力な新種の企業だということを論じる。それがプラットフォームだ。[10] 多くの場合、データを処理するという内的必要から出発して、プラットフォームはますます増加する記録されたデータを独占し、抽出し、分析し、利用する効率的方法となった。数多くの企業がプラットフォームを組織しているように、いまやこのモデルは特定の経済圏を越えて広がっている。影響力あるテクノロジー企業（Google、Facebook、Amazon）、精力的なスタートアップ（Uber、Airbnb）、産業界のリーダー（GE、Siemens）、農業界のパワープレイヤー（John Deere、Monsanto）などが例としてあげられるが、これらもほんの一例に過ぎない。

プラットフォームとは何か。[11] もっとも一般的なレベルでは、プラットフォームとはふたつ以上のグループの相互作用を可能にするデジタル・インフラストラクチャーである。[12]したがってそれは、異なるユーザーを結びつける媒介者として自らを位置づける。それは消費者、広告主、サービスプロバイダ、メーカー、サプライヤー、そして物理的なモノでさえ結びつけるのである。[13]通常こうしたプラットフォームは、ユーザー自身が商品、サービス、売場を作り出せるようにする、ひと揃いのツールを備えている。[14] Microsoft の

(10) Apple はこうした焦点から外れる主要企業の一例である。彼らは第一に、製造を外部委託するといういまや標準となったやり方の、伝統的な家電製造業者だからである。そのビジネスにはいくつかプラットフォームの要素があるが（iTunes、Apple Store）、それらはよく知られるその収益のたった八・〇%しか生み出していない。収益の大部分（六八・〇%）は iPhone の売上から生じている。Apple は二〇一〇年代の Google のビジネスモデル以上に、一九九〇年代の Nike のビジネスモデルに近似している。

(11) プラットフォームへの有益で同時代のアプローチとして、Bratton, 2015 の九章と Rochet and Tirole, 2003 を参照。

(12) 厳密にはプラットフォームはデジタルでないかたちでも存在しうるが（例えばショッピングモール）、オンライン活動の記録しやすさによって、デジタル・プラットフォームが今日の経済のデータ抽出にとって理想的なモデルとなっている。

(13)「ユーザー」には機械も含まれる。モノのインターネットを考えるとき、これは重要な付け足しである。Bratton, 2015: 251–89 を参照。

(14) Gawer, 2009: 54.

Windows OS は、ソフトウェア開発者が Windows 用アプリを開発し、消費者に売ることを可能にする。同じく、Apple の App Store と関連するエコシステム（Xcode と iOS SDK）は開発者が新しいアプリを作り、ユーザーに販売することを可能にする。Google の検索エンジンは、情報を探している人々を対象にする広告主とコンテンツプロバイダにプラットフォームを提供するし、Uber のタクシーアプリはドライバーと乗客に運転と金銭を交換する手段を与える。プラットフォームは一から市場を作り出すのではなく、異なる集団を媒介する基礎的なインフラを用意する。ことデータに関しては、これは伝統的ビジネスモデルに対する優位として重要な点である。なぜなら、プラットフォームは自らを（1）ユーザーの間に、かつ（2）彼らのアクティヴィティーが起こる基盤として位置づけるからである。そうしてこの基盤は記録されたデータへの特権的なアクセスをプラットフォームにもたらす。Google は検索プラットフォームとして、（個々人の揺れ動く欲望を表す）莫大な量の検索活動を利用する。Uber はタクシー・プラットフォームとして、交通データや運転者と乗客の活動を利用する。Facebook はソーシャルネットワークのプラットフォームとして、記録されうるさまざまな親密な社会的交流を生じさせる。そして、産業がその相互作用をオンラインにするにつれて（例えばタクシー産業をデジタルの形式に変える Uber がそうだが)、ますますビジネスはプラットフォーム開発に従属するようになる。プラットフォームはデジタルの相互作用が発生する場所ならどこであれ機能するので、結果として、インターネット企業やテクノロジー企業をはるかに超えたものとなる。

ふたつ目の本質的特徴は、デジタル・プラットフォームは「ネットワーク効果」を生み出し、それに依存しているということである。あるプラットフォームを利用するユーザーが多ければ多いほど、そのプラットフォームは他の全員にとってより価値あるものとなる。例えば Facebook は非常に多くの登録者がいるだけでソーシャルネットワークの標準プラットフォームとなっている。あなたが社交のためにプラットフォームに入ろうとするなら、友人や家族のほとんどがすでにいるプラットフォームに入るだろう。同じく、Google で検索するユーザーが多ければ多いほど、その検索アルゴリズムはより良いものになり、Google はユーザーにとってますます有用になる。まさにこれが、より多くのユーザーがさらに多くのユーザーを生むという循環を引き起こす。このことはプラットフォームがその性質上、独占へ向かう傾向をもつことに通じる。それはまた、より多くの活動、したがってより多くのデータへの、かつてないほどに増加するアクセスの原動力となる。さらに、既存のインフラと安価な限界費用に基づいて多くのプラットフォームを素早く設計できるということは、性質として成長の限界がほとんどないということを意味する。例えばUberの急速な成長の一因は、新たな工場を建てる必要がないことにある。それはただより多くのサーバーを借りるだけでよいのである。ネットワーク効果と合わさって、これはプラットフォームがきわめて大きく、きわめて素早く成長し得ることを意味する。

ネットワーク効果の重要性から、プラットフォームはますます多くのユーザーの参加を確実にするよう、幅広い戦略を展開しなければならない。これが三つ目の特徴だが、例えばプラットフォームはしばしば相互補助を用いる。つまり、企業のある部門はサービスや商品を値下げする(しばしば無料で提供する)が、別の部門はその損失を補填するために値上げする。プラットフォームの価格構造は、どれだけ多くのユーザーが参加するか、そして彼らがどれだけ頻繁にプラットフォームを利用するかという点で、とりわけ問題となる(15)。Googleは、例えば、参加ユーザーを得るため、Eメールのようなサービスを無料で提供しているが、広告部門を通じて資金を調達している。プラットフォームは多くの異なるグループを集める必要があるので、プラットフォームのビジネスには、有償のもの、無償のもの、補助されるもの、補助されないものの間のバランスを微調整することが含まれる。これはスリムなモデルとは程遠い。スリムなモデルならば、企業を核となる能力に縮減し、不採算の投機的事業は売却しようと努めていただろう[16]。

最後に、プラットフォームはまた、さまざまなユーザーにとって魅力的であるようにデザインされている。しばしばそれは関わる人々に対して何もない空間のように見えるが、実際はある政治的立場を体現している。商品やサービス開発の規則は、売場での交流と同じく、プラットフォーム所有者によって設定されている。Uber は、自らを市場原理にとって空の器でしかないと示しているが、それにもかかわらず市況を形成している。どこでドライバーの需要が生まれるかを予測し、実際の需要に先立ってそれに見合う料金を設定し、その一方で、より多くの供給という幻を与えるため幽霊タクシーを作り出してもいる[17]。媒介者という立場において、プラットフォームはより多くのデータへのアクセスを得るだけでなく、ゲームの規則に対する支配とその制御を手にしてもいる。しかしながら、定められた規則の核となる構造は、生成的でもあり、予期せぬ仕方で人々がそれらを利用することを可能にする。例えば Facebook の核となる構造は、より多くのユーザーが

(15) Rochet and Tirole, 2003.
(16) Kaminska, 2016b.
(17) Hwang and Elish, 2015.

参加するよう開発者にアプリを作らせ、企業にページを作成させ、ユーザーに情報をシェアさせている。同じことはAppleのApp Storeにも当てはまる。それはユーザーとソフトウェア開発者をますますそのエコシステムに縛り付け、無数の有用なアプリの生産を可能にする。主流のプラットフォームの課題は、部分的には、ユーザーの関心を持続させるため、相互補助のつながりとプラットフォームの規則を改訂することである。ネットワーク効果は既存のプラットフォームの先導者を強力に援護するが、その地位は難攻不落ではない。プラットフォームは、要するに、新たなタイプの企業である。彼らは、異なるユーザー集団のあいだを媒介するインフラを提供すること、ネットワーク効果に突き動かされた独占傾向を示すこと、異なるユーザー集団を引き込むため相互補助を利用すること、そして交流可能性を支配するよう企図された核となる構造をもつことによって特徴づけられる。プラットフォームの所有者は、続いて、本質的にソフトウェア（Googleの二〇億行のコード、あるいはFacebookの二〇〇〇万行のコード）[18]とハードウェア（サーバー、データセンター、スマートフォンなど）の所有者であり、それはオープンソースの素材に基づいている（例えば、Hadoopのデータ管理システムがFacebookに使用されている）[19]。こうした特徴のすべてがプラットフォームを、データを抽出し管理するための重要なビジネスモデルたらしめている。交流のため人々にデジタル空間を提供することで、プラットフォームは、自然過程（気象状況、収穫周期など）から、生産過程（組立ライン、連続フロー製造など）から、そしてその他のビジネスとユーザー（ウェブトラッキング、利用状況データなど）から、データを抽出するように自らを位置づける。それはデータの抽出装置なのだ。

本章の残りの部分では、五つの異なるタイプのプラットフォームを示すという仕方で、現れつつあるプラットフォームの展望を概観する。各領域において、重要となる要素は、資本家階級がプラットフォームを所有しており、それは必ずしも物理的な製品を生み出さないということである。最初のタイプは、「広告プラットフォーム」である（例えばGoogle、Facebook）。それはユーザーについての情報を抽出し、分析作業を引き受け、そうして広告スペースを売るためにその作業の所産を利用する。ふたつ目のタイプは、「ク

（18） Metz, 2012.

（19） 企業がプラットフォームのコードを所有しつつ、それに必要なコンピューターをすべてクラウドベースのサービスから借りているというシナリオは想定できる。したがって、ハードウェアはプラットフォーム所有の本質ではない。だが、後述する競争的な需要を考慮すると、最大のプラットフォームはすべてハードウェアの独占を志向してきた。つまり、固定資産の所有は本質的ではないとしても、これらの企業にとっていまだ重要でありつづけている。

ラウド・プラットフォーム」である（例えばAWS、Salesforce）。それはデジタルに依存するビジネスのハードウェアとソフトウェアを所有しており、必要に応じてそれらを貸し出している。三つ目のタイプは「インダストリアル・プラットフォーム」である（例えばGE、Siemens）。それは従来の製造業を変えるために必要とされるハードウェアとソフトウェアを製造する。それによって製造業は、インターネットに接続された工程となる。この工程によって製造コストは下がり、商品はサービスへと変わっていく。四つ目のタイプは「製品プラットフォーム」である（例えばRolls-Royce Holdings、Spotify）。それは昔からある商品をサービスに変える別のプラットフォームを利用することによって、そしてそれらの賃料ないしサブスクリプション代を徴収することによって利益を生み出す。最後に、五つ目のタイプは「リーン・プラットフォーム」である（例えばUber、Airbnb）。それは自身の資産の所有権を最小限に抑え、そしてできる限りコストを減らすことによって利益を得ようとする。分析におけるこうした区分は、ひとつの企業のうちで混ざりあうこともあるし、実際にしばしばそうなっている。Amazonは、例えば、多くはEコマース企業とみなされているが、急速に拡大して物流会社になっている。今日、それはTaskRabbitと提携したホームサービス・プログラムによって、オンデマンド市場へと拡大している。その一方で、悪名高いAMT（Amazon Mechanical Turk）は、さまざまな意味でギグ・エコノミーの先駆けであり、ひょっとするともっとも重要なことかもしれないが、クラウドベースのサービスとしてのAmazon Web Servicesを開発している。Amazonはしたがって、上記の区分のほとんどすべてに及んでいる。

広告プラットフォーム

この新しい企業形態の古老である広告プラットフォームは、デジタル時代に適したモデルを確立する最初の試みである。これから見ていくように、これらは直接間接を問わず、シェアリング・エコノミーから産業インターネットまで、直近の技術トレンドの出現を促した。これは緩和された融資条件に煽られたドットコム・バブルの崩壊から出現したものであり、二重の影響を及ぼした。一面では、多くの競合会社が倒産し、テクノロジー産業のさまざまな領域は、生き残った企業の管理化に徐々に置かれていった。新規参入への融資に対するベンチャーキャピタル（VC）の急な出し渋りは、競争環境への参入も同じく閉じられていることを意味していた。支配的企業の新たな分布が灰から現れ、以来ずっと優位にありつづけてきたように、初期ハイテクブームの独占傾向がここで強固なものとなった。バブル崩壊のもうひとつの重大な帰結は、ＶＣの枯渇と株式発行による資金調達が、インターネット企業に対して、利益を生むよう新たな圧力を課したということである。バブルの只中には、持続的な収益の流れを高めるための、明確に支配的な方法はなかった。企業は異なる企図のあいだで比較的平等に配分されていた。[20] しかし、「成長は利益に優先する」という金融資本の戦略に対するマーケティングの重要性は、ネット企業がすでに、宣伝広告によってユーザーを集めることを志向するビジネスモデルの基礎を築いていたことからも理解された。歳入に占める割合で見ると、こうした会社は他の分野より三、四倍多く広告に支出しており、オンライン広告の購入においても先駆者だった。[21] バブルがはじけた際、こうした企業が主要な歳入源として広告業へ向かったのは、ともすれば避けられないことだったかもしれない。この試みにおいて、GoogleとFacebookは、こうした推移の最先端を代表するようになった。

Googleは一九九七年に創業され、一九九八年のベンチャーファンドの初期の受取人であり、一九九九年ごろに二五〇〇万ドルものファンドを受けている。この時点で、Googleは検索からユーザーデータを収集し、検索を改善するためにそのデータを使用していた。[22]

これは資本主義における古典的なデータ利用の一例である。データは顧客とユーザーにとってのサービスを向上するよう意図されていた。だが、Googleが利益を生むことができるような価値は、そこには残されていなかった。ドットコム・バブルの崩壊をきっかけに、Googleには徐々に収入を生み出す方法が必要となったが、有料サービスの導入には成功の基盤であったユーザーを遠ざけるリスクがあった。最終的にGoogleはcookieや他の情報と一緒になった検索データを利用し、次第に自動化されていくオークションシステムを通じて、ターゲットを絞った広告スペースを広告主に売るようになった。[23] NASDAQ市場が二〇〇〇年三月にピークに達してから、Googleは二〇〇〇年一〇月にAdWordsを発表し、収益を生む企業へと変貌を始めた。抽出されたデータは、サービスを改善する手段から、広告収入を得るためのものへと変化した。今日においても、GoogleとFacebookはほぼ完全にそれらに依存している。二〇一六年第一四半期、Googleの収益の

（20）Goldfarb, Kirsch, and Miller, 2007: 128.
（21）Crain, 2014: 377–8.
（22）Zuboff, 2016.
（23）Varian, 2009.

八九・〇％、Facebookの収益の九六・六％が広告主に由来する。

このことは次の世紀初頭の、ウェブ2・0へのより大きな転換の骨子となった。ウェブ2・0はウェブ店舗よりもユーザー作成コンテンツに、静的テキストよりもマルチメディア・インターフェイスを前提としていた。マスメディアでは、この転換は誰でもオンラインでコンテンツを創造しそれをシェアできる、コミュニケーションの民主化というレトリックで包まれるようになった。もはや新聞や他のマスメディア拠点は、社会で何が語られるかを独占していない。インターネットについての批判的論者にとっても、このレトリックは「無償労働」の搾取を前提としたビジネスモデルへの転換を見えなくするものだった。[24] この観点からすれば、GoogleとFacebookがどのように利益を生み出しているかというストーリーは単純なものだった。ユーザーとは、データとコンテンツという、企業によって採取され広告主や興味をもった関係者に売られる商品を生産する無給の労働者なのである。とはいえ、こうした説明には多くの問題もある。無償労働の議論に関する最初の問題点は、それがしばしば、あまりに抽象的な主張にスライドしてしまうことである。「あらゆる」社会的交流が資本主義を利する無償労働となり、そして、わたしたちは資本主義の外部はないのだと苦悩しはじめる。労働は非‐労働と区別できなくなり、明確に区分しても陳腐な表現になってしまう。しかし重要なのは、プラットフォーム上でおこなわれる交流と他の場所でおこなわれる交流を区別することであり、それと同様に、営利目的のプラットフォーム上でおこなわれる交流とその他のプラットフォームでおこなわれる交流を区別することである。[25] わたしたちの社会的交流のすべてが利益を生むシステムに吸収されているわけではないし、ほとんどがそうだというわけでもない。実際、企業がプラットフォームを作るよう競争しなければならない理由のひとつは、わたしたちの社会的交流のほとんどが、価値決定のプロセスに組み込まれて「いない」からだ。わたしたちの活動全体がすでに資本主義の価値付けに捕らえられているなら、なぜプラットフォームという抽出装置を作り上げる必要があるのかを理解するのは難しい。もっと広く見れば、「無償労働」は、Google のような企業が依拠する、無数のデータソースの一部に過ぎない。それは例えば、経済取引、モノのインターネットにおいてセンサーで集められた情報、企業と政府のデータ（信用情報、金融情報のようなもの）、公的・私的監視（Google マップを向上させるために使われる車のようなもの）から構成されているのである。[26]

（24）Terranova, 2000.
（25）Wittel, 2016: 86.

だがわたしたちの関心をユーザー作成データに限定したとしても、この活動を「労働」と呼ぶのは正しいのか？　マルクス主義の枠組みでは、労働はひじょうに独特の意味をもつ。それは、労働市場と交換を目的とした生産過程の文脈において、剰余価値を生む活動である。オンラインの社会的交流が資本主義的な生産の一部かどうかという議論は、単に定義をめぐる退屈な学問上の論争ではない。この交流が無償労働かという観点は、その帰結と関係している。もし資本主義的なものであるなら、それはあらゆる規範的な資本主義の命令からの圧力を受けるだろう。つまり、生産過程を合理化すること、コストを下げること、生産性を上げることといった圧力を受けるはずだ。資本主義的なものでないなら、こうした要求は課されない。オンラインでのユーザーの活動を精査すると、厳密には、彼らがしていることを労働だと主張するのは難しい。そこでは、友人へのメッセージを労働だとみなすことへの直感的なためらい以上に、社会的に必要とされる労働時間という考えが欠けている。この暗黙の規範を背景にすることで、生産過程が設定されるのである。このことは、たとえユーザーにオンラインでより多くのことをさせる圧力があるとしても、実際により多くのことを「行動させる」ような競争圧力はないということを意味している。もっと大雑把に言えば、わたしたちのオンラインの交流が無償労働であるなら、そうした企業は資本主義全体にとって重大な恩恵となるにちがいない。そこには労働搾取のまったく新しい風景が開けるのだ。他方で、これが無償労働でないなら、その会社は他の価値を生む産業に寄生しており、資本主義はより悲惨な状態にある。停滞するグローバル経済を一瞥すると、後者のほうがよりもっともらしく思われる。

無償労働の搾取よりむしろ、ここでの主張は、広告プラットフォームがデータを原料として利用しているということである。ユーザーや組織の活動は、それが記録されデータへと変換されると、プラットフォームがさまざまな仕方で精製し利用する原料となる。特に広告プラットフォームの場合、収益は、ユーザーのオンラインの活動から抽出されたデータから生まれ、そのデータの分析から生まれ、そして広告主への広告スペースのオークションから生まれる。ここにはふたつの過程の達成がともなっている。まず、広告プラットフォームは、オンラインの活動を監視し記録する必要がある。あるサイトと接するユーザーが多ければおおいほど、よりたくさんの情報が収集され利用される。同様に、ユーザーがインターネットをさまようと、彼らは cookie や他の方法で追跡される。そして、

(26) Zuboff, 2015: 78.

そのデータが、より包括的なものとなって、広告主にとって価値あるものとなる。これがデジタル経済における監視と営利の一致である。このことを「監視資本主義」として語る者もいる。[27] しかしながら、収益のためには、データの収集だけでなく、その分析も重要である。広告主は体系づけられていないデータにはあまり関心をもたず、洞察性をもたらすデータ、あるいは見込みのある消費者にマッチするデータにより興味をいだく。それが「処理された」データである。[28] 彼らはデータにいくつかの工程を適用する。それは、データサイエンティストの熟練の仕事によって、あるいは機械学習アルゴリズムの自動作業によっておこなわれる。したがって、広告主に売られるのはデータそれ自体ではなく（広告主は個人のデータは受け取らない）、Google のソフトウェアが必要に応じて適切なユーザーを巧みにマッチしてくれるという保証なのである。

オンラインの世界ではデータ抽出モデルが突出して続けていたが、それはオフラインの世界にも移動している。世界最大の小売業者のひとつ Tesco は、dunnhumby を所有している。これはイギリスに拠点を置き、約二〇億ドルの価値をもつ「消費者インサイト」事業である（この会社の米国部門は最近、アメリカ最大の雇用主のひとつ、Kroger に売却された）。この会社は、消費者のオンラインとオフライン両方での追跡と、Coca-Cola、Macy's、

Office Depotといった顧客に売却するための情報の利用に基づいている。その上、特典を約束して消費者をTescoの店舗に集めるポイントカードによって、独占的なプラットフォームをみずから築こうとしている。同時に、消費者のいっそう多様な情報が追跡されている（顧客の健康データのソースとして、会社が衣類の利用を提案しているほどである）[29]。非テクノロジー企業も、ユーザーデータベースを開発して、顧客トレンドに適応し、効率的に売場の商品を消費者に合わせるためデータを利用している。データ抽出は、独占プラットフォームを構築し、広告主から収益を吸いあげる重要な方法になっている。

この広告プラットフォームは現在、もっとも成功した新しいプラットフォーム・ビジネスである。大きな収益、高い利益率、力強い活発さを備えている。だが、彼らはその収益で何をしているのだろう？　米国、英国、ドイツにおける投資水準は低いままであり、つまり、固定資本にはほとんど成長がみられない。代わりに、これらの企業はその資金で三つのことをおこなおうとしている。ひとつ目は貯蓄である。高い水準の企業資金は、二〇

（27）Ibid.
（28）データの価値連鎖の一例として、Dumbill, 2014を見よ。
（29）Finnegan, 2014.

〇八年以後の時代の奇妙な現象となっている。第一章で見たように、テクノロジー企業は、不釣り合いに大量な、この資金の過剰供給を受け入れている。脱税の先導者もテクノロジー企業である。Google、Apple、Facebook、Amazon、そしてUberがそうだ。資金の第二の使い途は、高度な合併と買収にある。これは新たな生産能力を構築するというより、既存の能力を集約するプロセスである。テクノロジー大企業のうち、Googleは過去五年間でもっとも買収をおこなっている（平均して、一週間にひとつ、新しい会社を取得している）が[30]、Facebookもいくつかの最大規模の買収をおこなっている（例えば、二二〇億ドルでWhatsAppを買収した）[31]。Googleによる二〇一五年のAlphabet設立は、この過程の本質を示している。これはGoogleが異業種の企業を取得し、Googleの核となるビジネスにそって明確なアウトラインを与えることができるよう意図された試みだった。第三に、こうした企業は資金をテクノロジー・スタートアップに注ぎ込んでおり、多くの広告プラットフォームが、この分野の大投資家になっている。あとで見ることになるが、こうした企業が直近のテクノロジーブームの条件を整えたのである。しかしながら、もっとも重要なのは、いまやさまざまな産業で再現されているビジネスモデル、すなわちプラットフォームを、それらが用意したということである。

クラウド・プラットフォーム

Google や Facebook のような広告プラットフォームが莫大な量のデータを抽出し利用する基礎を築いたとすれば、新たに出現したクラウド・プラットフォームは、プラットフォームを類のない強力なビジネスモデルとして強化した段階である。企業のクラウド・レンタルの話は、一九九〇年代のEコマースで始まる。一九九〇年代後半、Eコマース企業は、取引の物理的な面を外部委託できると考えていた。だが、これが適切でないことが明らかになると、企業は、倉庫や流通網を構築し大量の労働者を雇うという業務を引き受けざるを得なくなった。[32] 二〇一六年までに Amazon は、広大なデータセンター、倉庫ロボット、大規模なコンピューターシステムに投資し、配送のためのドローン利用の先駆けとなっており、近年では輸送部門の航空機のリースをはじめた。[33] Amazon は、デジタル・

(30) Davidson, 2016.
(31) CB Insights, 2016b.
(32) Henwood, 2003: 30.

エコノミーにおいて、頭抜けて最大の雇用主でもあり、二三万人の労働者と数万人の季節労働者を雇用している。そのほとんどは、低賃金できわめてストレスの多い倉庫での仕事をしている。Eコマースのプラットフォームとして成長するため、Amazon は相互補助によって、できるだけ多くのユーザーを獲得しようと努めてきた。どう考えても、Amazon プライムの配送サービスはどの注文でも赤字になるし、Kindle 電子書籍リーダーは原価で売られている[34]。スリムなビジネスの伝統的な判断基準では、このことは理解できない。採算の取れない投機的事業は切り離すべきだとされる。だが、早くて安価な配送こそが、Amazon が別のところで収益を得るべくユーザーを自らのプラットフォームへと誘導する、主要な方法のひとつなのである。

巨大な流通網を構築する過程で、ますます複雑になる自社のロジスティクスに対処するため、AWS（Amazon Web Services）が開発された。事実上その多くが社内の需要から発しているというのは、プラットフォーム誕生に共通するテーマである。Amazon は、新たなサービスを立ち上げ、素早く始動させる方法を必要としていた、そしてその解決策は、新サービスが簡単に利用できるように基本的なインフラを築くことだった[35]。これを他社にも貸すことができるということは、すぐに分かった。実際に、AWS はクラウドコンピューティング・サービスを賃貸した。これは、サーバー、ストレージと計算能力、ソフトウェア開発ツールとOS、既成のアプリのオンデマンドサービスを含んでいる。[36] この取り組みが他の企業にとって有益なのは、自前のハードウェアシステム、ソフトウェア開発キット、アプリを構築するのに、時間とお金を使う必要がないということである。「必要に応じて」、他の企業はただこれらを借りることができるのだ。例えば、ソフトウェアはますますサブスクリプションベースで展開されるようになっている。Adobe、Google、Microsoft はみな、このやり方を取り入れはじめた。同様に、Google が開発した洗練された分析ツールは、現在、AWS の競争相手としてレンタルが始まっている。[37] 今や他社は、パターン認識アルゴリズムと音声文字起こしサービスを利用する能力を借りることができる。言い換えれば、Google は機械学習の方法を販売している（そして、これこそ Google が、

（33）Hook, 2016.
（34）Clark and Young, 2013.
（35）Burrington, 2016.
（36）この業界では、これらはそれぞれ「サービスとしてのインフラ」（IaaS）、「サービスとしてのプラットフォーム」（Paas）、「サービスとしてのソフトウェア」（SaaS）として知られている。
（37）Clark, 2016.

クラウドコンピューティングの分野で競合他社への強みだと考えている点である)。その一方で、Microsoft は人工知能プラットフォームを構築し、自前のボットを作るソフトウェア開発ツールを企業に提供した(最近の業界用語で言うなら「サービスとしてのインテリジェンス」)。さらに、IBM(International Business Machines)は、量子クラウドコンピューティングを実現する方向に動いている。[38] クラウド・プラットフォームは最終的に、企業の情報技術(IT)部門の大部分を外部に委託可能にする。この変化は、知的労働者を解雇し、しばしば彼らの仕事の自動化さえ可能にする。データ分析、消費者情報の蓄積、企業サーバーの保守――このすべてをクラウドに押しやることができ、プラットフォームを利用する資本主義的な根拠がもたらされる。

この背後にある論理は、公共事業が機能する仕方と同種のものである。Amazon のCEOであるジェフ・ベゾスは、それを電力供給と比較している。初期の工場はそれぞれ自前の発電機をもっていたが、けっきょく電力供給は集約され「必要に応じて」賃貸されるようになった。今日、経済のあらゆる領域が、ますますデジタルのレベルと結びついている。したがって、他のあらゆる産業に不可欠なインフラを所有することは、とてつもなく強力で利益を生む立場であり、その立場にいることが目指される。さらに、データ抽出におけるクラウド・プラットフォームの意義は、より以前の販売モデルが、その時点で会社から切り離された商品としてのデータを売ることを含んでいたのに対して、レンタル型のモデルが継続的なデータの収集を可能にする点にある。ビジネス活動をクラウド・プラットフォームに移行させることで、Amazon のような企業は、まったく新しいデータセットへの直接的なアクセスを獲得する（依然としてプラットフォームに対して隠されたものもあるとしても）。それゆえ、AWS が現在約七〇〇億ドルの価値をもつと評価されているのも驚くべきことではないし、Alibaba のような中国の競争相手のみならず、Microsoft や Google のような大競合企業がこの分野に参入しているのも驚くべきことではない。AWS はいまや、Amazon のもっとも急速に成長している部門であり、二〇一五年には約三〇％の利益率と八〇億ドル近い収益によって、もっとも利益を生んでもいる。二〇一六年の第一四半期には、核となる小売事業以上に、AWS が Amazon に利益をもたらしている。[40] Google と Facebook が最初のデータ抽出プラットフォームを築いたとするなら、Amazon は、現[39]

（38）Miller, 2016.
（39）Asay, 2015.
（40）McBride and Medhora, 2016.

代のビジネスにとってますます不可欠となる生産手段を貸し出すための、最初の大規模クラウド・プラットフォームを築いた。データを買う広告主に依存するのではなく、クラウド・プラットフォームは、他社に利益が出るように賃貸できるという点で、デジタルエコノミーの基本的なインフラを構築しているが、同時にクラウド・プラットフォームは自分たちで使うためにデータを収集してもいる。

インダストリアル・プラットフォーム

データの収集、蓄積、分析がだんだんと安価になるにつれ、ますます多くの企業がプラットフォームを従来の製造業の現場に持ち込もうとした。こうした取り組みのうちもっとも顕著なものは、「モノのインダストリアル・インターネット」、あるいは単に「インダストリアル・インターネット」というお題目のもと進行している。もっとも基本的なレベルでは、インダストリアル・インターネットは、センサーとコンピューターチップの生産過程への埋め込みと、追跡装置（例えばRFID）の流通過程への埋め込みを意味しており、このすべてがインターネット上の接続を通じて結ばれている。ドイツでは、この推移は

「インダストリー4・0」として喧伝されている。この考えは、生産過程のそれぞれの構成要素が、ライン上の組立機械や別の構成要素と、労働者や管理者の導きなしで通信し合えるようになるというものである。この構想では、構成要素の位置と状態のデータが、生産過程の他の要素に絶えず共有される。物としての商品は、情報を担う記号的役割と切り離すことができなくなる。支持者にとっては、インダストリアル・インターネットは生産過程を最適化することになるだろう。彼らはそれにより、労働コストの二五%削減、電力コストの二〇%削減（例えば、データセンターが必要な場所と時間に電力を配分することになる）、摩損の警告を発することによるメンテナンスコストの四〇%削減、適切な時間を設定することによるダウンタイムの削減、エラーの削減と質の向上が可能だと主張する。[41] つまり、インダストリアル・インターネットは、第一に、競争力あるメーカーなら以前からしばらくやってきていたことを遂行し、生産プロセスをより効率化するものと見込まれる。だが、インダストリアル・インターネットは、生産過程を販売過程にさらに緊密に結びつけることも目指している。メーカーは、フォーカスグループや調査に依拠するよりも、既

(41) Webb, 2015; Bughin, Chui, and Manyika, 2015.

存製品の利用データに基づいて（そのためにA／Bテストのようなオンラインの方法を用いてさえ）、新しい製品を開発し機能をデザインすることを望んでいる。[42] インダストリアル・インターネットはまた、マス・カスタマイゼーションを可能にする。世界最大の化学メーカー、BASFのある試験工場では、組立ラインは、ラインに降りてくるすべてのユニットを個別にカスタマイズすることができる。つまり、それぞれのソープボトルに異なる香り、色、ラベル、石鹸を備えることができ、顧客が注文するとすべてが自動的に生産される。[43] だが結果として、製品寿命は顕著に縮まりかねない。

工場がインダストリアル・インターネットを構成する各要素を提供しはじめると、コミュニケーションの共通基準を確立することがひとつの大きな課題となる。とりわけ古い機械設備の場合は、要素間相互の操作性が確保されねばならないということだ。インダストリアル・プラットフォームが必要とされる点がここにある。このプラットフォームは、センサーとアクチュエーター、工場とサプライヤー、メーカーと消費者、ソフトウェアとハードウェアを結びつける、基本的で中心的な枠組みとして機能する。これらの要素は工業の原動力を発展させるものであり、これがタービン、油井、モーター、作業場、トラック輸送、さらに多くのアプリケーションを横断して、インダストリアル・インターネットを運用するためのハードウェアとソフトウェアを構築している。ある調査記録でも述べられているように、インダストリアル・インターネットで「大成功をおさめたのは、プラットフォームのオーナーである」[44]。したがって、IntelやMicrosoftといった従来のテクノロジー巨大企業と同じように、GE（General Electric）やSiemensといったこれまでの製造業のトップが、インダストリアル・インターネット・プラットフォームの開発にかなり注力しているのも、驚くべきことではない。Siemensは先端的な製造能力を得て、MindSphereというインダストリアル・プラットフォームを構築するために四〇億ユーロを費やしており[45]、GEは自前のプラットフォームであるPredixを開発するべく急速に動いている。これまでのところ、この分野は、新たなスタートアップの流入に振り回されるというよりも、こういった既存の企業が支配してきた。さらにインダストリアル・インターネットのスタートアップさえ、主に古株が出資しており（投資企業トップ5のうち四

（42）Bughin, Chui, and Manyika, 2015.
（43）Alessi, 2014.
（44）World Economic Forum, 2015: 4.
（45）Zaske, 2015.

社）、その他のスタートアップの領域が全体的に減速しているにもかかわらず、二〇一六年のこの部門への出資を堅持している。[46] ドイツ（Siemens に代表される、従来の製造業の中心地）と米国（GE に代表される技術大国）がその主要な支援者であるように、インダストリアル・インターネットへの移行は、国同士の経済競争の現れでもある。ドイツはこのアイデアを熱心に支持しており、米国と同様に、計画を援助するため独自のコンソーシアムを作り上げた。米国では、GE、Intel、Cisco、IBM といった企業が、先端的な製造業を実現するため、同じく非営利のコンソーシアムで政府と提携している。現在のところ、ドイツのコンソーシアムは、単にインダストリアル・インターネットへの関心を高め、それを支援するよう努めているが、米国のコンソーシアムは積極的に技術実験を展開している。

ここでの競争は、究極的には、製造業の独占的なプラットフォームを作り出す力をめぐるものである。GE のデジタル部門最高責任者は「勝者総取り」だと述べる。[47] Predix と Mindsphere はともに、すでにインフラサービス（クラウドベース・コンピューティング）、開発ツール、インダストリアル・インターネットを管理するアプリ（例えば、工場向けのアプリストア）を提供している。企業は社内インターネットを管理する自前のソフトウェアを開発するのではなく、こうしたプラットフォームが必要なツールをライセンス提供する。例えば、生成される大規模なデータを処理するため、そして時系列データや地理データなどを分析する新しいツールを開発するためには、高度な専門技能が必要とされる。GE の液化天然ガス事業だけで、すでに Facebook と同量のデータを収集しており、大量に流入するデータを管理するための一揃いの特化したツールを必要としている。[48]同じことは、ビッグデータを収集し分析するよう設計されたソフトウェア、物理ベースのシステムのモデリング、あるいは工場や発電所における改善ソフトウェアにも当てはまる。このプラットフォームは、インダストリアル・インターネットを扱うのに必要なハードウェア（サーバーやストレージなど）も提供している。AWS のような、より一般的なプラットフォームとの競争において、インダストリアル・プラットフォームは、自身が製造業界内の知識やそうしたシステムを運用するのに不可欠のセキュリティを備えているとして売り込んでいる。他のプラットフォームと同様、これらの企業は、競合他社に対する対抗手段としてデータ抽出に依存している。それはより素早く、より安価で、より柔軟な

（46）CB Insights, 2016c.
（47）Waters, 2016.
（48）Murray, 2016.

サービスを確立する手段である。自らを工場、消費者、アプリ開発者の仲介として位置づけることで、このプラットフォームは、理論上は、極小のアクチュエーターから極大の工場までに至るレベルで世界の製造業がどのように動いているかについて、そのほとんどをモニターする立場に置かれる。そして、彼らはそのデータを、自らの独占的地位をいっそう確かなものにするために利用する。標準的なプラットフォームの戦略を展開しながらも、SiemensとGEの両者は、誰がプラットフォームに接続できるか、どこにデータを保存するか（サイトかクラウドか）、誰がアプリを作成できるかという点で、いずれも公開可能な透明性を維持している。ネットワーク効果は、例のごとく、独占的な地位を得るうえできわめて重要であり、この透明性によって、ますます多くのユーザーが参加することになる。こうしたプラットフォームはすでに、企業の大きな収入源である。例えばPredixは現在、GEに五〇億ドルをもたらしており、この収益は二〇二〇年までに三倍になると予想されている。[49] この分野は二〇二〇年には二二五〇億ドルの価値をもつと予測されており、これは消費者向けのモノのインターネットと企業のクラウドコンピューティングのどちらよりも大きい。[50] それでも、独占的な力を示しながらも、GEは社内向けにはAWSを利用しつづけている。[51]

プロダクト・プラットフォーム

重要なのは、前述の発展、とりわけモノのインターネットやクラウド・コンピューティングが、新しい種類のオンデマンド・プラットフォームを可能にしたということである。それは、ふたつのきわめて関連した、しかし異なったビジネスモデル、すなわちプロダクト・プラットフォームとリーン・プラットフォームを生み出した。例としてUberとZipcarを取り上げよう。どちらも、役立つ道具をいっとき借りたい消費者に向けたプラットフォームである。この点で両者は似通っているが、そのビジネスモデルは明確に異なっている。Zipcarは貸しだす資産、つまり車両を所有しているが、Uberはそうではない。前者がプロダクト・プラットフォームであり、後者はできる限りほぼすべてのコストを外部委託しようとするリーン・プラットフォームである（Uberは、しかしながら、最終

（49）Miller, 2015b.
（50）Waters, 2016.
（51）Miller, 2015a.

的に一群の自動運転車を操ることを目指しており、プロダクト・プラットフォームへと変化するだろう)。Zipcarは、対照的に、「サービスとしての商品」タイプのプラットフォームだとみなされる。

ひょっとしたらプロダクト・プラットフォームは、それによって企業がゼロ限界費用に向かう傾向を回復する、最大の方法のひとつかもしれない。音楽がもっともよい例だが、一九九〇年代後半、音楽の無料ダウンロードは小さなプログラムのインストールくらい簡単になった。消費者が楽曲のコンパクトディスク(CD)や他の物理コピーの購入をやめると、レコードレーベルの収益は急落した。だが、あまたの死亡記事をものともせず、近年、音楽リスナー、レコードレーベル、広告主から等しく料金を徴収するプラットフォーム(Spotify、Pandora)によって音楽産業は復活した。二〇一〇年から二〇一四年にかけて、サブスクリプションサービスは、そのユーザー数が八〇〇万人から四一〇〇万人へとふくれあがっており、サブスクリプションの収益は、デジタル音楽最大の収入源であるダウンロード収益を上回っている。[52] 何年もの退潮を経て、二〇一六年に音楽産業はふたたび収益を増加させる手はずを整えた。例えば新聞など、サブスクリプションモデルには数百年の歴史があるが、今日あたらしいのは、それがこれまでにない領域に拡大していることである。住宅、車、歯ブラシ、ひげ剃り、プライベートジェットさえもがその対象となっている。近年のプロダクト・プラットフォームの隆盛が可能になったのは、部分的には、第一章で注目した賃金の停滞と預貯金の減少である。貯金が少なくなるほど、車や家のような高価な買い物はほとんど不可能になり、見かけ上は安い頭金の方が魅力的に見える。英国では、例えば、二〇〇八年以来、住宅の保有率は下がっている一方で、民間賃貸［住宅］は急増している。(53)

とはいえ、オンデマンド・プラットフォームはソフトウェアや消費財だけに影響しているわけではない。オンデマンド・エコノミーへの最初期の挑戦のひとつは、工業製品、特に耐久消費財に集中している。こうした取り組みのうちいちばん影響力をもったのは、ジェットエンジン業界に見られる、エンジンの販売から推進力の賃貸へという変化だった。Rolls-Royce、GE、Pratt & Whitney の三大メーカーはみな、一九九〇年代後半、Rolls-Royce が先導して、このビジネスモデルへと移行した。エンジンを組み立て、航空会社に売るというこれまでのモデルは、高度な競争をともなう相対的に低利益のビジネスであっ

(52) International Federation of the Phonographic Industry, 2015: 6–7.
(53) Office for National Statistics, 2016a.

た。第一章で概説した競争の力学が、ここで全面的に現れている。過去四〇年にわたって、ジェットエンジン産業は新興企業がほとんどないという特徴をもつ。そして、この産業から離れた企業はない[54]。それどころか、三大会社が、漸進的な技術改良を導入することで優勢に立とうと、たがいに激しく競争している。この技術競争は今日も続いており、現在ではジェットエンジン産業は付加製造を利用する先駆けとなっている（例えば、GE のもっとも標準的なジェットエンジンには、異なる部品の溶接ではなく、いまや3Dプリントで製造された数多くのパーツがある）[55]。だがエンジン自体の利益は少ないままで、競争も厳しい。それに対して、エンジンのメンテナンスは、はるかに高い利益率をもつ。概算では七倍高い[56]。メンテナンスの課題は、外部の競合他社が市場に参入して利益を奪うことがきわめて容易だという点にある。このことが Rolls-Royce に「サービスとしての商品」モデルの導入へと向かわせた。それによって、航空会社はジェットエンジンを購入することなく、利用時間ごとに賃料を支払う。代わりに、Rolls-Royce はメンテナンスと交換パーツを提供するのである。

データという原料は、他のプラットフォームと同じく、このプラットフォームにとっても核となる。センサーがエンジン全体に据えられており、フライトごとに莫大な量のデータが抽出される。それらは気象データや航空交通管制の情報と合わせて、英国のコマンドセンターに送られる。エンジンの損耗、問題の可能性、メンテナンスを予定する時期といった情報が、すべて抽出される。このデータは、競合他社を締め出し、市場に食い込もうとする外部のメンテナンス企業に対する競争優位を確保するのに非常に有用である。どのようにエンジンが機能するかというデータは、新モデルを開発するうえでも決定的なものだ。そしてこのデータによって、Rolls-Royce は、燃焼効率の向上やエンジン寿命の増加を実現し、他のジェットエンジン製造企業に対する競争優位を生み出した。繰り返すと、プラットフォームは競争相手への優位を得るため、データを抽出し利用する最良のしくみに思われる。データとそれを抽出するネットワーク効果によって、この会社は支配的地位を確立することができたのである。

(54) Bonaccorsi and Giuri, 2000: 16–21.
(55) Dishman, 2015.
(56) 'Britain's Lonely High-Flier', 2009.

リーン・プラットフォーム

これまで説明してきた多くのことを踏まえるならば、新しいスリムなプラットフォーム［訳注：以後リーン・プラットフォームと表記］は、インターネット経済黎明期への退行とみなさざるを得ない。これまでのプラットフォームはみな、何らかの仕方で利益を生むビジネスモデルを作りあげていた。だが今日のリーン・プラットフォームは、一九九〇年代の「成長は利益に優先する」モデルへと回帰している。Uber や Airbnb のような会社はあっという間に誰もが知る名前となり、このよみがえったビジネスモデルを典型的に示すものとなった。このプラットフォームは、各種サービスに特化した企業（清掃、往診、食料品の買物、配管作業など）から、多様なサービスを提供する TaskRabbit や Mechanical Turk のような、さらに一般的な市場にまで及んでいる。しかしながら、これらはみな、そこでユーザーや顧客や労働者が出会えるようなプラットフォームとして設立されることを目指している。なぜ、これらが「リーン・プラットフォーム」なのだろう？ その答えは、しばしば引用される次の言葉にある。「世界最大のタクシー会社である Uber は車両を所有していない［……］そして、最大の宿泊施設プロバイダーであるAirbnbは不動産を所有していない。」[57]両者は資産のない企業のように見えるので、わたしたちはそれをバーチャル・プラットフォームと呼んでもいいのかもしれない。[58]だが重要なのは、彼らはもっとも重要な資産は所有しているということである。それはソフトウェアとデータ分析のプラットフォームのことだ。リーン・プラットフォームは、過度な外部委託モデルを通じて機能している。それにより、労働者が外部委託され、固定資本が外部委託され、メンテナンスコストが外部委託され、養成課程が外部委託される。残るのはデータを抽出するごく最低限のもの、すなわち独占的な賃料の獲得を可能にするプラットフォームに対する支配である。

こうした企業のなかでもっとも悪名高いのは、労働者の外部委託である。米国において、これらのプラットフォームは、法律上、労働者を「被雇用者」ではなく「独立請負業者」とみなしている。これにより、福利厚生、残業代、病気休暇やその他のコストを削減

（57）Goodwin, 2015.
（58）ちなみに、こうした企業はマッケンジー・ワークがベクトル階級と呼ぶ人々が所有しているように思われる。

し、企業は労働コストを約三〇％節約できる。[59] 訓練が被雇用者にしか許されていないので、このことは養成コストの外部委託も意味している。そして、この過程は評価システムを通じたもうひとつの支配形態へとつながっている。この評価システムはしばしば、社会のジェンダーバイアスや人種バイアスに影響される。請負業者である労働者は作業に応じた支払いを受ける。Uber の運転ごと、Airbnb の賃貸ごと、Mechanical Turk の完了した課題ごとの取り分である。こうしたやり方で労働コストが削減されるとすれば、マルクスが「出来高制こそが資本制的生産様式に最もふさわしい賃金形態だ」と記したのも当然のことだ。[60] しかし、これまで見てきたように、この労働の外部委託は、より広範でより長期のトレンドの一部であり、それは一九七〇年代に始まったものである。貿易財に関わる仕事がまず外部委託され、非個人サービスが次に続いた。一九九〇年代、Nike は外部委託によって企業の理想となった。その仕事のほとんどを他者に委託したのである。Nike はデザイナーやブランドディレクターという小さな核の存在に依拠していて、彼らが商品の製造を他の会社に外部委託した。結果として、一九九六年には人々はすでに、わたしたちが「使い捨て」労働者による「ジャストインタイム生産」の時代に突入しているという懸念を表明していた。[61] だが、この問題が関係するのはリーン・プラットフォームにとどまらない。例えば、Apple は、製品の製造に寄与する労働者のうち、直接雇用は一〇％に満たない。[62] 同様に、米国労働省を一瞥すれば、労働者を独立請負人とする不当表示を含んだ、Uber 以外の莫大な数の事例を発見できる。これらの事例は、建設作業員、警備員、バリスタ、配管工、レストラン従業員などに関連するものだが、これもほんの一例にすぎない。[63] 実は、従来の労働市場のなかでリーン・プラットフォーム・モデルともっとも近いものは、古くローテクなものである。それは、その日一日の仕事を得ようと早朝ある場所に現れる、日雇い労働者、つまり農業労働者、港湾労働者、その他の低賃金労働者たちの市場である。また、携帯電話が国家の発展に不可欠となっている大きな理由は、それがいまや、非公式の労働市場で仕事を見つけるうえで必須のものだからである。[64] ギグ・エコノミーは単に労

（59）Kamdar, 2016; Kosoff, 2015.
（60）Marx, 1990: 697–8.［マルクス『資本論1（第一部全）』長谷部文雄訳、河出書房新社、二〇〇四年、四四〇頁］
（61）Polivka, 1996: 3.
（62）Scheiber, 2015.
（63）US Department of Labor, n.d.
（64）Dyer-Witheford, 2015: 112–14.

働者を募る場所をオンラインへと移し、隅々まで行き渡る監視の地平を付け加えたにすぎない。生存のためのツールは、シリコンバレーによって、解放のツールとして取引されているのである。

このように広範な、従来とは異なる仕事への転換を、経済統計のなかにも見ることができる。二〇〇五年、[65]米国労働統計局（BLS）は、一五〇〇万人近い米国人労働者（労働力の一〇・一％）が非正規雇用にあることを明らかにした。[66]このカテゴリーは、非正規契約（オンコールワーク、独立請負業者）のもとで雇われた従業員や、仲介（人材派遣会社、下請け会社）をつうじて雇われた従業員を含んでいる。二〇一五年には、このカテゴリーは労働力の一五・八％まで増加した。[67]この上昇の半分近く（二・五％）は外部委託の増加によるものであり、教育、ヘルスケア、行政の業務は多くの場合不安定なものとなった。もっとも顕著なのは、二〇〇五年から二〇一五年にかけて、米国の労働市場に九一〇万の求人が増加していることである。そこには八六〇万の非正規契約職が含まれている。これは、二〇〇五年以来、米国の職の実際の増加は、もっぱらこの種の（しばしば不安定な）地位に由来するということを意味している。[68]似た傾向は個人事業主にも見受けられる。個人事業主と自認する人の数は減少している一方で、米国の個人事業主向け納税申告書一〇九九を提出する人の数は増えている。[69] こうしたことから、特に二〇〇八年以降、より不安定な雇用へ向かう長期傾向が、事実上加速していることが確認できる。同じ傾向は英国でも観察できる。英国で個人事業主は二〇〇八年以降、純雇用の六六・五%をなしており、失業率のさらなる増加を唯一くい止めている。[70]

リーン・プラットフォームは、この状況の、どこに収まっているのだろうか？　一番はっきりしているのは、個人事業主とフリーランスというカテゴリーである。このカテゴリーは二〇〇五年から二〇一五年にかけて一・七%（二九〇〇万人）の増加を示しているが、[71] そのほとんどはオフラインの労働に関するものである。シェアリング・エコノミーを

（65）ＢＬＳは「臨時の代替的雇用」によってギグ・エコノミーを間接的に推定していたが、資金が打ち切られ二〇〇五年に停止した。だが、彼らは二〇一七年に別の調査の実施を課された。BLS Commissioner, 2016 を見よ。
（66）US Department of Labor, 2005: 17.
（67）この推計はできるだけＢＬＳの調査をまねる取り組みにもとづいている。Katz and Krueger, 2016 を見よ。
（68）Ibid.
（69）Wile, 2016.
（70）Office for National Statistics, 2014: 3.

直接測ることは今のところできないので、もろもろの調査や他の間接的な評定が代わりに用いられていた。ほぼすべての評価が、アメリカの労働力の約一％が、リーン・プラットフォームの組織するオンラインのシェアリング・エコノミーに携わっていることを示している。[72] ここでも、この結果については、おそらくUber のドライバーがそうした労働者の多数を形成していることを考慮しなければならない。[73] Uber 以外のシェアリング・エコノミーはごく小さい。英国では、現在利用できるエビデンスはもっと少ないが、これまでに実施されたもっとも網羅的な調査によれば、リーン・プラットフォームを通じて日常的に労働力を売る人々の数はわずかに多いことが示されている。約一三〇万人の英国労働者（労働力の三・九％）が、少なくとも週に一度、そうした形態で働いていると推定され、別の推計ではそれは労働力の三％から六％に及んでいる。[74] また、別の調査ではわずかに高い数値が出ているが、そこにはより幅広い活動が議論の余地のあるかたちで含まれている。[75]したがって、わたしたちが結論できるのは、シェアリング・エコノミーはより大きな流れのほんの一端だということである。くわえて、それはわずかな領域であり、二〇〇八年の経済危機以後の失業率の大幅な増加を前提としている。それ以前に大枠が描かれた、労働がより不安定となる流れを背景に、危機によって米国の失業は二倍となり、長期失業は三倍近くになった。そのうえ、危機の後遺症はジョブレス・リカバリー［＝雇用なき景気回復］となった。経済成長は回復するが、それに雇用の拡大がともなわない現象である。その結果、多くの労働者が、生き延びるためでき得るどんなひどい手段にも訴えなければならなくなった。この場合、個人事業主とは、自らすすんで選んだ道ではなく、強いられた困難である。リーン・プラットフォームで働く人の人口統計を見れば、このことが立証されるだろう。TaskRabbit 上の労働者について言えば、その七〇％は学士を、五％は

（71）Katz and Krueger, 2016.
（72）さまざまな推計は以下を含んでいる。労働力の〇・五％（Katz and Kreuger, 2016）、〇・四–一・三％（Harris and Kreuger, 2015:12）、一・〇％（McKinsey: Manyika, Lund, Robinson, Valentino, and Dobbs, 2015 を参照）、二・〇％（Intuit: Buisiness Wire, 2015 を参照）。
（73）Harris and Krueger, 2015: 12.
（74）さまざまな推計は以下を含んでいる。労働力の三・〇％（Coyle, 2016: 7）、三・九％（Huws and Joyce, 2016）、六・〇％（Business Wire, 2015）。Hesse, 2015 も見よ。
（75）Nesta のある調査では、英国人の二五％がインターネットによって可能となる協力行動に参与しているとされるが、このカテゴリーは労働者だけでなくインターネットで買い物する人々を含んでいる。また、オンラインで物品を寄付したり広告を買う人々も含まれている。他方、Intuit の調査では英国人口の六％がシェアリングエコノミーで働いていると伝えられているが、実際のデータは入手できないようだ。Stokes, Clarence, Anderson, and Rinne, 2014: 25; Hesse, 2015 を見よ。

PhDをもっている。[76] 国際労働機関（ＩＬＯ）の調査によれば、AMT（Amazon Mechanical Turk）上の労働者も高度な教育を受けている傾向にあるが、その三七％は主たる仕事としてクラウド労働を利用している。[77] そしてUberは、そのロンドンのドライバーの約三分の一が、失業率一〇％を超える近隣地区から来ていることを認めている。[78] 健全な経済であれば、こうした人々は正規の職を得るのであり、マイクロタスクに従事する必要はなかっただろう。

他の種類のプラットフォームはどれも画期的な要素を生み出していたが、リーン・プラットフォームには何か新しさがあるだろうか？ いま概説した幅広い文脈を考慮すると、このプラットフォームは、単に以前の動向を新たな領域へ拡大しているだけだと分かる。かつて、外部委託は最初に製造業、行政機関、接客業で起こったが、今日新たな職種の領域へ広がっている。タクシー、散髪、スタイリスト、清掃、配管、塗装、引っ越し、コンテンツモデレーションなどがそれにあたる。例えば編集、プログラミング、経営といったホワイトカラー職にも入ってきている。そして、労働市場という観点では、リーン・プラットフォームは、かつては輸出不能だったサービスを輸出可能なサービスへと変え、実質的に労働供給をほとんど世界的な規模にまで拡張した。Mechanical Turkや同様のサービスを通じて、いまや無数の新たな仕事がオンラインで遂行可能である。このことはふたたび、事業において発展途上国の安価な労働力を利用することでコストを削減することを可能にし、そうした仕事をグローバルな労働市場に委ねることで、賃金にさらなる下方圧力をかけることも可能になる。リーン・プラットフォーム企業がどれほど他のコストを外部委託しているかも、（新奇なことではないとはいえ）注目すべき点である。それはともすれば、今に至るまでもっとも純粋なバーチャル・プラットフォームの試みである。その点で、これらの企業はクラウド・プラットフォームが提供する生産能力に依存している。かつて企業はビジネスに必要なコンピューター設備と専門的な技能に莫大な投資をしなければならなかったが、今日のスタートアップ企業が成功したのは、クラウドからハードウェアとソフトウェアを容易に借りることができることにその理由がある。結果として、Airbnb、Slack、Uber や他の多くの新興企業が AWS を利用している。[79] Uber はさらに地

（76） Henwood, 2015.
（77） Berg, 2016.
（78） Knight, 2016.
（79） より多くの事例については Amazon Web Services, 2016 を見よ。

図作成をGoogleに、テキストメッセージをTwilioに、Eメールを SendGridに、支払いをBraintreeに頼っている。それは他のプラットフォーム上に築かれたリーン・プラットフォームなのである。こうした企業は貸借対照表から諸経費を除いて、それを労働者に転嫁している。例えば、投資コスト（Airbnbにおける住居、UberとLyftにおける車）、メンテナンスコスト、保険コスト、減価コストといったものがそれにあたる。Instacartのような（食料雑貨を配送する）企業は、広告スペースと引き換えに配送コストを食品メーカー（例えばペプシ）や小売業者（例えばWhole Foods）に委託してもいる。[80] しかしながら、こうした助けがあってさえ、Instacartのビジネスの六〇％は採算が取れないままであり、しかもそこにはオフィススペースにかかるかなり大きな経費やコアチームの給料が勘定に入っていない。[81] 収益性の不足は賃金の削減という当然の処置につながっている。これはリーン・プラットフォームに顕著に広がっている現象である。

これが企業をデータ抽出での競争に駆り立ててもいる。ここでもふたたび、この過程はプラットフォームがもたらす経路に最適化している。Uberはこの展開の最たる例だろう。ドライバーの情報だけでなく、彼らが乗車料を受け取っていないときでさえ、Uberはあらゆる運転データを収集している。[82] ドライバーが何をしていて、どのように運転しているかというデータが、競合他社を出し抜くため、さまざまに利用される。例えば、Uber はドライバーが他のタクシー・プラットフォームで働いていないかを確かめるためにデータを利用する。また、その経路アルゴリズムは、移動の最適経路を計算するために交通パターンのデータを利用する。乗客と近くのドライバーをマッチするだけでなく、どこで需要が起こりそうかも予測する別のアルゴリズムへとデータは供給される。中国では、Uber はドライバーが抗議活動をおこなっているかさえも監視している。これらすべてが、乗客目線では素早く効率的な Uber のサービスを可能にしているのであり、それによって競合他社からユーザーを引き抜いている。リーン・プラットフォームにとって、データはもっとも重要な競争手段のひとつなのである。

それにもかかわらず、これらの企業は利益をあげるため依然として苦戦しており、会社を支える資金を外部からもってこなければならない。これまで見てきたように、二〇〇八

(80) Huet, 2016.
(81) Ibid.
(82) 今日、政府による監視が世間の関心の的になっているが、企業による監視もおなじくらい有害な現象である。Pasquale, 2015.

年の危機の重大な帰結のひとつは、緩和的な金融政策の強化と成長企業への資金の過剰供給である。リーン・プラットフォームのブームは、基本的には二〇〇八年以後の現象となる。この分野の成長は、スタートアップ企業を促進する契約数にもっともよく示されている。VC契約は二〇〇九年から三倍になっている。[83]（市場で規格外の規模をもつ）Uberを除外しても、オンデマンド配車サービスは二〇一四年にわたって一七億ドルに拡大している。これは二〇一三年から三一六％の成長である。[84]そして二〇一五年にも、より多くの契約、より多くの取引へ向かうこうした傾向は継続した。さて、リーン・プラットフォームの資金調達をこの文脈のうちで捉えてみるのもよいだろう。オンデマンド配車サービスのリーン・プラットフォームを見るならば、まずはUberについて論じることになる。資金調達という点で、二〇一四年にUberはすべての同業他社をあわせたものと比べて三九％の差をつけて勝っている。[85]二〇一五年には、Uber、Airbnb、Uberの中国の競合DiDi Chuxing（滴滴出行）の合計で、オンデマンド・スタートアップの資金調達全体の五九％を得た。[86]ただ、新たなテック・スタートアップへの熱狂が最高潮に達したとはいえ、二〇一五年の資金調達（五九〇億ドル）は二〇〇〇年の水準（ほぼ一〇〇〇億ドル）と比べると見劣りする。[87]これらの資金はどこから来ているのか？　概して、それは低金利環境においてより高い利益率を得ようとする余剰資本である。低金利によってこれまでの金融投資の利益が下落し、投資家は新たな収益源を探し出すことを余儀なくされた。金融バブルや住宅バブルではなく、今日の余剰資本はテクノロジー・バブルを築きつつあるように思われる。ヘッジファンド、投資信託、投資銀行からの通例とは異なる資金提供がテクノロジー・バブルで主要な役割を果たしていることは、そうした強い衝動を示している。事実、テクノロジー・スタートアップの分野において、投資・融資のほとんどがヘッジファンドと投資信託に由来する。(88) さらに大きな企業も関係している。Google は失敗に終わったHomejoy の主要投資家であり、物流企業 DHL が自分たちのオンデマンドサービス My Ways を作った一方で、Intel と Google といった企業はさまざまな新興スタートアップの株式を購入している。世界中に一三五以上の系列会社を展開する Uber のような企業は、

(83) 'Reinventing the Deal', 2015.
(84) CB Insights, 2015.
(85) Ibid.
(86) CB Insights, 2016a.
(87) National Venture Capital Association, 2016: 9; Crain, 2014: 374.
(88) CB Insights, 2016d.

脱税テクニックによって助けられてもいる[89]。それでも、こうしたリーン・プラットフォームの収益力はほとんど保証されないままである。以前のインターネット・バブルとまさに同じように、リーン・プラットフォーム分野の成長は、実際の利益ではなく将来の利益への期待に基づいている。それは、ひとたびUberが独占的地位を得たなら、タクシーという薄利のビジネスも最終的には利益を生む良い結果に終わるだろうという期待である。これらの企業が独占状態に至るまで(もしかしたらそのときでさえ)、その収益力は、なにか実際的なものによってではなく、ただコストを取り除き賃金を下げることによって生み出されるだろう。

要するに、リーン・プラットフォームは、いくつかの傾向や時流の産物のように見える。二〇〇八年以降の失業の急増と緩和的な金融政策の増大、余剰資本、すばやい規模拡大を可能にするクラウド・プラットフォームに加えて、外部委託傾向、人口過多、生活のデジタル化などの結果なのである。スリムなビジネスモデルは、大量の誇大な評判を得て、Uberの場合は大量のVCを集めたが、それが先進資本主義諸国で大きな変化を起こすという兆しはほとんどない。外部委託という点では、スリムなモデルは長きにわたる傾向のなかにいる小規模なプレイヤーのままである。ほとんどのスリムなモデルの収益能力は、同じように、ごく小さく、いくつかの専門職に限定されているように思われる。さらに、そこでさえ、もっとも成功しているスリムなビジネスモデルは、なんらか意義のある利益の創出によってではなく、福祉としてのＶＣによって支えられている。仕事や経済の未来を示すどころか、これらのモデルは今後数年のうちに崩壊するのではないだろうか。

結論

わたしたちはこの章を、二一世紀の資本主義が利用すべき巨大な原料を発見したと論じることから開始した。それはデータである。一連の発展を通じて、プラットフォームはそうしたデータを独占し、抽出、分析、利用、販売するためにビジネスを組織する、ますます支配的な方法になっていった。フォーディズム時代の古いビジネスモデルには、生産の過程や顧客による使い方からデータを抽出する原始的な方法しかなかった。世界規模の「ジャストインタイム」サプライチェーンが在庫の状態や在庫品の位置のデータを必要

---

(89) O'Keefe and Jones, 2015.

としたため、これはリーン生産の時代にはわずかに修正された。だが依然として社外のデータにはほとんど触れることができないままだった。さらに会社のなかでさえ、ほとんどの活動は記録されていなかった。それに対して、プラットフォームのＤＮＡにはデータ抽出が組み込まれている。それは、他のサービス、製品、テクノロジーをその上に成立させうるモデル、ネットワーク効果を得るためより多くのユーザーを必要とするモデル、記録と記憶をシンプルにするデジタルベースのメディアである。こうしたすべての特徴によって、プラットフォームはさまざまに利用される原料としてデータを抽出する中心的なモデルとなっている。いくつか異なるプラットフォームのタイプを手短に概観してきたように、データは収益を生むために、いろいろな仕方で利用されうる。Google や Facebook のような企業の場合、データは第一に、広告主や他の利害関係者への誘導に使うことができる資源である。Rolls-Royce や Uber のような企業の場合、データは競争に勝つための核である。こうした企業はデータによって、よりよい製品とサービスを提供し、労働者を管理し、より競争力あるビジネスへとアルゴリズムを最適化することができる。同様に、AWS や Predix といったプラットフォームは、それを利用する他の企業のためにデータを収集、分析、展開する基本的なインフラを構築すること（そして所有すること）を目指しており、インフラ構築と引き換えに、またプラットフォームサービスのためのデータが抽出される。どの場合でも、膨大なデータの収集がビジネスモデルの中心にあり、プラットフォームは理想的な抽出装置を提供している。

この新しいビジネスのかたちは、一連の長期傾向、短期間の周期的運動と絡み合っている。リーン生産と「ジャストインタイム」生産をおこなうサプライチェーンへの転換は、一九七〇年代以来ずっと進行している変化であり、デジタル・プラットフォームは、今日それをより強力なかたちで継続するものである。外部委託傾向についても同じことが起こっている。普通ならば外部委託とは無縁の会社でさえ、この傾向に巻き込まれている。例えば、Google や Facebook のコンテンツモデレーションはおもにフィリピンでおこなわれており、そこでは推計一〇万人の労働者がソーシャル・メディアやクラウドストレージ上のコンテンツを調査している。[90] そして Amazon では倉庫労働者の悪名高い低賃金労働力が、監視と制御のますます包括的なシステムに支配されている。こうした企業は、高給取りの高技能労働者という核を保持しつつ、低技能作業員を外部委託するという長期に

(90) Chen, 2014.

わたる流れをただ継続しているだけだ。広い範囲で見れば、アメリカの二〇〇八年以後のインターネット上の雇用の増加は、すべて非従来的な雇用の労働者、下請業者やオンコールワーカーに由来している。外部委託し、スリムなビジネスモデルを構築しようというこの推移は、Uberのような企業において頂点に達している。利益を生むために、ほとんど設備がない形式に依拠するまでになっている。それでも、これまで見てきたように、経済危機以後のこうした企業の収益力のほとんどは、賃金を引き下げることによって生じている。『エコノミスト』紙（*The Economist*）でさえ次のことを認めざるを得ない。二〇〇八年以来、「賃金で支払われる国内総所得の割合が一九九〇年代の平均まで回復していたなら、アメリカ企業の利潤は五分の一に落ち込んでいただろう」(91)。したがって、ますます手に負えなくなっている人口過多により、低賃金、低技能の仕事に相当数の労働者が供給された。搾取可能なこの労働者集団は、低金利世界の莫大な量の余剰資本と重なり合っている。脱税、高い企業貯蓄、緩和的な金融政策がすべて合わさることで、大量の資本がさまざまな仕方で利益を追求する。それゆえ、テクノロジー・スタートアップへの資金提供が二〇一〇年以来、著しく増加していることは驚くべきことではない。こうした背景を踏まえると、リーン・プラットフォーム経済は最終的に、資本主義の再生へと向かう先遣隊ではなく、超低金利で悲惨な投資機会の時代の余剰資本のはけ口として現れる。

リーン・プラットフォームはつかの間の現象と思われるが、この章で示したその他の例は、資本主義企業の経営手法における重要な転換を教えてくれる。デジタルテクノロジーによって、プラットフォームは産業を牽引し制御する方法として現れた。その頂点において、残りの産業が作用する基本的領域を提供することで、それは製造業、ロジスティクス、デザインに対して優位に立つ。プラットフォームはさまざまな新産業において製品からサービスへの転換を可能にし、所有の時代は終わったと人に宣言させるに至っている。だが、はっきりさせておこう。これは所有の終わりではなく、むしろ所有の集中だ。「アクセスの時代」というおためごかしは、現実状況を覆い隠す空虚なレトリックに過ぎない。同様に、スリムなプラットフォームが事実上の設備ゼロを目指しているあいだ、もっとも意義深いプラットフォームはどれも、巨大なインフラを構築し、他の企業の買収や自身の能力への投資にかなりの量の資金を費やしている。単なる情報のオーナーどころか、こうした企業は社会インフラのオーナーになりつつある。だからこそ、より広範な経済への彼

(91) 'The Age of the Torporation', 2015.

らの影響を分析する場合、プラットフォームの独占的な傾向が考慮されなければならないのだ。

第三章　プラットフォーム大戦争

各種プラットフォームがデジタル・エコノミーの新興ビジネスモデルであるとして、それらは資本主義の長い歴史のなかでどのようにして現れるのだろうか？　とりわけ、ここまでは概して論じてこなかった資本主義の基本的な駆動因である、資本家間競争に即して考えると、どうなるだろう。第一章では、わたしたちは「長い下降線」という文脈から議論を始めた。一九七〇年代以降、世界経済が製造業部門の過剰設備と過剰生産に喘いでいた時代である。企業は硬直化した資本を破壊することを望まず、実際にもそうできず、新しい生産ラインに投資することもできなかったので、国際間の競争は地味に続いていたし、それに伴い、製造業における過剰生産の危機が現れてきた。この状況で成長をすることができなかった結果、アメリカ合衆国は、一九九〇年代に資産価格に対するケインズ主義政策をとることで、経済を刺激する試みを始めた。より高い資産価値と広範な経済成長を引き起こす資産効果を生み出すため、金利引き下げを導入するというものである。これが一九九〇年代のドットコム・ブームを引き起こし、二一世紀初頭の住宅バブルにつながった。今日でも、前章で見たように、ケインズ主義的な資産価格は引き続き継続し、近年のテック企業のスタートアップ熱の背景にある基本的な促進要因のひとつとなっている。しかしながら、輝かしい新しいテクノロジーと滑らかなアプリのインターフェースの表面の背後で、これらの新しい会社は、資本主義に対して、どのような広範囲の影響をもっているのだろうか？　新しいテクノロジーの複合体を作り出して取り入れることで、資本主義は自らを刷新するのだと論じる者もいる。かつての蒸気機関、鉄道、鉄鋼、重工業、自動車産業、石油化学工業、そして今では情報および通信テクノロジーといったものがそれにあたる[1]。わたしたちは、資本主義の成長の停滞を甦らせることができそうな、新しいインフラストラクチャーが採択されるのを目撃しているのだろうか？　デジタルの時代においても、競争は存続するのだろうか？　それともわたしたちは新しい独占資本主義へと向かっているのだろうか？

ネットワーク効果にともない、独占化への傾向がプラットフォームのＤＮＡには埋め込まれている。あるプラットフォーム上で活動するユーザーの数が増えれば増えるほど、ユーザー各人にとってプラットフォーム全体がいっそう価値あるものとなる。さらに、ネットワーク効果は、初期の優位によって産業のリーダーシップという位置が永遠のものとして固定されることを意味する。プラットフォームはまた、多数のネットワーク効果を互いにリンクさせ強固にするという独特の機能をもっている。たとえばUberは、自動車を運転する人たちのネットワーク効果に加えて、バイクに乗る者たちのネットワーク効果からも恩恵を受けている。(2) 主要なプラットフォームは、他のやり方も用いて自らを永続させるよう意識的に事業を進めている。データ集積の利点は、会社がより多くの活動にアクセスすればするほど、より多くのデータをそこから集めることができるし、そのデータからより多くの価値を生み出すことができる、という点にある。これと同様に、わたしたちの生活の多様な領域から得られる大量のデータにアクセスすることによって、有益な予見を得ることができるし、またこれによって、あるひとつのプラットフォームのなかに

（1）Perez, 2009: 782.
（2）MIT Technology Review, 2016: 7.

データが集中することになる。わたしたちはGoogleから自分の電子メールや自分のカレンダー、自分の動画閲覧履歴、自分の検索履歴、現在位置などにアクセスする。そしてあらゆるものがGoogleから提供されることで、結果としてわたしたちはサービスを先取って提供してもらいやすくなる。同じように、複数のプラットフォームがプロダクトを相補的に提供することを容易にする。Androidのための有用なソフトウェアはAndroidユーザーの数を増加させるし、それによってデベロッパーはAndroidのための開発をいっそう進めることになる、といったよい循環が生まれる。プラットフォームはまた、競争相手を締め出すような商品とサービスのエコシステムを立ち上げるよう努めている。Androidでしか動作しないアプリや、Facebookへのログインを必要とするサービスなどがそれにあたる。こうした力学のすべてがプラットフォームを独占状態にしてしまう。そこでは増大し続ける莫大な数のユーザーと、ユーザーが生み出すデータに対して、中央集権的管理がおこなわれる。さまざまなプラットフォームが広告収入をどれほど強固に集めてきたかを見れば、こうした独占がすでに相当な規模になっていることがわかるだろう。二〇一六年には、FacebookとGoogle、Alibabaだけで、世界のデジタル広告の半分を占めることになる。(3) アメリカ合衆国では、FacebookとGoogleがオンライン広告収入の七六パーセントを占めており、新たな広告費の八五パーセントを獲得しようとしている[4]。

しかし、資本主義が独占のための手段のみならず、競争のための手段を発展させるというのも事実である。法人形態の出現、大規模な金融機関の発生、国家の財源、これらすべてには、新しい産業路線を開始させ、既存の独占を揺るがせる力がある[5]。同じくらい重要なことだが、デジタル・プラットフォームは新しい競争相手によって崩壊の危機に瀕している産業のなかに現れる傾向がある[6]。この観点からすれば、独占とは一時的なものでしかないはずである。しかしながら、今日の問題は、資本の投資は独占状態をひっくり返すには十分ではない、ということである。データへのアクセス、ネットワーク効果、そして経路依存性は、たとえばGoogleのような独占に打ち勝つためのハードルを高すぎるものにしてしまっている。これが競争の終わりや市場支配力のための争いの終わりを意味するわけではないが、競争の形態においては変化が生じることになる[7]。とりわけ、これは価格競

(3) Burson-Marsteller, 2016.
(4) Meeker, 2016; Herrman, 2016.
(5) Brenner and Glick, 1991: 89.
(6) これはプラットフォームによる独占は主要な関心ではないという主張に対して英国の貴族院が認めた正当化である。Select Commitee on European Union, 2016.

争（たとえば各種サービスが無料で受けられるなど）の転換となる。ここで重要なポイントが判明する。製造業とは異なり、プラットフォームにおいては、競争力は単にコストと価格のあいだの差の大きさによってのみ判断されるわけではない。データの集積と分析も競争力を判断しランクづける基準となる。つまり、こうしたプラットフォームが競争力を保ちたいと望むならば、強力にデータを抽出し、分析し、管理する必要がある——そしてそうするために相応の資本を投下しなければならない。プラットフォームが誕生以来もっている衝動が独占に向かっているとはいえ、現在のところ、それは他の大規模なプラットフォームからなり、激しさを増している競争的環境に直面している。

さまざまな傾向

プラットフォームがデータ抽出とネットワーク効果算出に基づくようになると、大規模なプラットフォームの競争的なダイナミクスから特定の傾向が出現する。抽出データの拡大、ゲートキーパーとしての位置づけ、マーケットの集中、そしてエコシステムの囲い込みといったものがそれである。こうした傾向が進展すると、それがわたしたちの経済システムにインストールされるようになる。

あるレベルでは、プラットフォームの拡大は、ユーザーをネットワークに引き込むために用いられるサービスの相互補助によって推進される。あるサービスが消費者やサプライヤーをプラットフォームに引きこむように見えたら、会社はそうするためのツールを開発するかもしれない。だが拡大はユーザーからの要求以外の要因によっても進められる。そうした要因のひとつは、さらなるデータの抽出である。原料を集めて分析することがそういった会社にとっての第一の収入源であるなら、もっともっと集めようという要請が存在することになる。とある報告にもあるように、そこには植民地主義的な事業精神がこだましている。「データ生産という点から見れば、事業とは発見されるのを待っている大地のようなものだ。そこに最初に到着してそれを所有した者が、そのリソースを獲得する。この場合、データが財宝となる。[8]」こうしたプラットフォームの多くにとっては、データの質よりもデータの量と多様性が利益を生む。[9] ユーザーのどんな行動でも、それがどれほど

(7) Wheelock, 1983; Baran and Sweezy, 1966: 76.
(8) MIT Technology Review, 2016: 6.
(9) Zuboff, 2015: 79.

ささやかなものであっても、アルゴリズムの構造を変更しプロセスを最適化するために有益なのである。データは非常に重要なものなので、多くの会社がソフトウェアをオープンソースで製作しても、そこから得たデータによって、優位な立場をなおも維持することができる。[10] だから、そうした会社が、情報を得るための能力を拡張する資産を大量に買収し拡張し続けていることも驚きではない。たとえば二〇〇八年から二〇一三年のあいだに、ビッグデータに関連する吸収合併の件数は倍増している。[11] こうしたことは資金の過剰供給とタックスヘイブンの頻繁な利用によって可能となった。これらの会社は、動いていない大量の剰余資本によって、データ抽出のためのインフラストラクチャーを構築し、それを拡大することができたのである。

以上が、わたしたちが理解すべき「モノのインターネット（IoT）」、とりわけ「消費者レベルのモノのインターネット（CIoT）」に対する主な投資が置かれた文脈である。CIoTでは、消費者の商品や家屋にセンサーが設置される。[12] たとえば、Google が出資している住居のための暖房システムの Nest は、それをデータ抽出の延長として理解するなら、さらなる意味を見いだすことができる。同じことは Amazon の新しい機器である Echo についてもあてはまる。使用者が家屋内に設置するこの装置は、つねに電源がオンとなっている。名称から考えると、Echoはさまざまな問いかけに答えてくれるものだろう。けれどもこれは同時に、この装置の周囲での活動を記録することができるということでもある。消費者の嗜好を理解しようとする会社にとって、どれほどこの機能が有益であるかを理解することはたやすい。同種の装置は電話機内にもすでに存在している。AppleのSiri、AndroidのGoogle Now、いうまでもないがスマートTVの登場もこうしたものに含まれる。[13]ウェアラブル技術もまた、CIoTのもうひとつの大きな要素である。たとえばNikeは、ウェアラブルなフィットネスの技術を用いてユーザーをプラットフォーム上にあげ、そのデータを抽出している。これらすべてのデバイスは消費者にとってなんらかの使用価値をもつかもしれないが、その分野は機器に対する消費者の要求を反映してきたわけではない。そうではなく、CIoTとは、データレコーディングを日々の活動へと拡張するようプラットフォームによって駆り立てられている存在だと考えることによってのみ理解

(10) Stucke and Grunes, 2016: 45.
(11) Ibid., 40.
(12) 興味深いことだが、最初の「モノのインターネット」はトースターであった。それは一九八九年にインターネットに接続され制御されていた。
(13) Kelion, 2013.

可能なのである。IoTの消費者とともに、わたしたちの日々の振る舞いは記録され始める。どのように運転するか、どれくらい歩くか、どれくらい活動的であるか、何を言ったか、どこに行くのか、などなどが記録されるのである。これは単にプラットフォームの「生得的な」傾向を表現したものにすぎない。したがって、もっとも最近Facebookが獲得したOculus Rift VRシステムが、Oculusユーザーのあらゆる種類のデータを集めて、この情報を広告主への売り口上の一部として使っていても驚くべきことではないのである。[14]

情報プラットフォームがセンサーの拡張を求めるという事実は、リーン・プラットフォームに向かう傾向に逆らっていることを意味する。そうした会社は資産をもたない会社ではなく、むしろそれとはほど遠い。彼らは数十億ドルを費やして固定資産を買い上げ、他の会社を支配する。より重要なことだが、「ひとたびわたしたちがこれ［＝この傾向］を理解すれば、資本主義的監視から守られたプライバシーを要求することや、インターネット上での商業的監視を終わらせるよう求めることは、ヘンリー・フォードにそれぞれのTモデルを手作業で作るよう求めるのに等しいことが明らかになる」のである。[15] プライバシーを守るよう求めても、それはこの種のビジネスモデルの核心にどれほどプライバシーの侵害があるかを見逃している。この傾向は、データ収集という観点から見たときの社会的かつ法的に許容される限界を絶え間なく圧迫している。大抵の場合の戦略としては、データを収集し続け、もし大騒ぎとなったら謝罪してプログラムから撤退するというもので、事前にユーザーに相談することはない[16]。こうした理由から、わたしたちはこれらの会社がデータ収集する際に頻発する騒ぎを引き続き見ていくことにしよう。

データ収集がプラットフォームの主要タスクならば、分析はその必然的な相関項である。データ生成する装置が増加して、おびただしい新規のデータリポジトリを作り出し、それらは巨大で洗練されたストレージと分析ツールを必要とするので、それらのプラットフォームの中央集権化はいっそう加速する[17]。データを集める能力の拡張がこうした会社にとって競争上必要とされるひとつの要請ならば、分析を照合する手段を開発することはもうひとつの要請である。したがって、ハードウェア、データベース構造、ネットワークのインフラストラクチャーにおける進歩といったことはすべて、競争相手に対する費用上な

(14) Mason, 2016.
(15) Zuboff, 2016.
(16) Zuboff, 2015: 79-80.
(17) Bratton, 2015: 116.

いしは見通し上の利点を獲得する上で重要な役目を果たす。例をあげると、Googleの主要な成功の多くは、使いやすい内部ソフトウェアと革新的なハードウェアの構造を作り出すというパイオニア的な業績が元になっている。[18]むしろ独自なことなのだが、Googleは市場から標準的なサーバーを購入するのではなく、自社固有の特別なサーバーをデザインして構築している。ここでもまた、競争でのアドバンテージを獲得しようという努力が見られる。[19]そして、Googleはときおりそのオペレーションに関する情報をリリースするが（そしてそれは他社によってコピーされてきたが）、これもそのオペレーションが明確なアドバンテージを獲得したあとでそうするだけなのである。[20]分析こそが他のプラットフォームに対する競争でアドバンテージを展開するための鍵となる領域であると考えれば、Googleが人工知能（ＡＩ）研究にも大量の投資をしている理由を、分析の重要性という点から理解することができるだろう。Googleは人工知能領域における最大の投資元だが、Amazon、Salesforce、FacebookやMicrosoftらのすべても、同様にＡＩへ多大な投資をおこなっている。それほど規模の大きくない会社も、データ抽出元となる層全体を開発する必要に駆られ、（たとえば、データマネジメントや分析ツールといった）ひとつの領域にとどまることはできない。[21]センサーからはじまりコモディティに至るデータの流れが滞ることは、さらなる価値を作り出す上での障害となる。結果として、ハードウェアからソフトウェアに至る、データ層のあらゆる側面を引き受ける傾向性が強まるのである。

第二の傾向がこの傾向と符合する。この傾向とは、コアとなる事業分野をとりまくエコシステムの拡張は、そのエコシステム内で鍵となる位置を占めようという欲求によって、ある程度促されるというものだ。こうした拡張は従来の区分にあてはまらない。つまりこれらは水平的な合併（直接競合する会社間の統合）でもなければ、垂直的な合併（類似の製品、ないしは代替的な製品のサプライヤーの統合）でもない。[22] 新しい傾向をもつこれらの合併は、古典的なフォーディズムの会社による垂直的な統合に基づくものでもなければ、ポストフォーディズム時代におけるスリムな力に由来するものでもない。それはむしろ、自分たちを中心的プラットフォームとして位置づけるためになされる永続的な努力によって形成される、リゾーム的結合といったものに近い。ひとつ例をあげてみよう。インター

（18）Metz, 2012.
（19）Shankland, 2009.
（20）Metz, 2012.
（21）MIT Technology Review, 2016: 8.
（22）Stuck and Grunes, 2016: 127-8.

ネットへのアクセスがデスクトップPCから手に収まるスマートフォンへと移行していくにつれて、オペレーティングシステム（OS）のプラットフォームを管理することが必須となった。この移行によって各社はスマートフォン市場へと殺到し、その場を占めるようになった。Google は Apple の足跡を追いかけたが、さらに後に Amazon と Facebook がその動向に追いつこうと試みている。Google はモバイルOSの市場を占めるために、相互補助という伝統的なプラットフォーム戦略を採用している。ハードウェア市場における Android のライセンス料を無料にして、アップルの囲い込みシステムを弱体化させようとしたのである。このやり方は功を奏し、今日では Android は市場の八〇パーセント以上を占め、あらゆるデバイスでもっとも広く用いられるOSとなった(23)。似たような競合間の争い、およびそれに伴うビジネスの拡張も、表面的なレベルで続いている。ユーザーがプラットフォームとインタラクティヴに接する主要な手段として、インターフェースは広範なエコシステムのなかで鍵となる仲介的な位置を占めている。ここ一〇年のあいだに、Google のサーチエンジンは、他社のあらゆる努力を凌駕して、インターネットの大部分での主要なインターフェースとなった。競合するプラットフォームは、自分たちのビジネスを新しいインターフェースの領域へと拡張することによって、Google のサーチエンジンを迂回する必要に迫られた。こうした傾向のひとつの現れとして、（オープンウェブではない）アプリ内蔵式のサーチエンジンがますます広がりを見せてきている。Googleを通じてインターネットを検索するのではなく、ユーザーはAmazonやFacebook上でサイト内から検索することができる。人々がアプリを使用するようになるか、Googleではなく Amazonで検索し始めるようになるかすれば、それはGoogleの基本的なビジネスモデルにとって大きな脅威となる。

メジャーなプラットフォームを運営する各社は、自然言語を用いたインターフェース市場にもどんどん進出している。二〇一六年にFacebookは「チャットボット」を大々的に押し進め始めた。「チャットボット」とは低レベルの人工知能プログラムで、Facebookのプラットフォーム上でユーザーと会話することができる。（これはまた、Facebook、およびかなりの数の他社が、チャットボットを可能にするために必要とされる自然言語処理とAIに多大な投資をしていることの理由でもある。）これらのチャットボットが、ユーザーにとって、インターネットとインタラクティヴな関係を結ぶ上でのより好ましい方法となるだろ

(23) Bradshaw, 2016.

うと予想されていたのである。このオープンなプラットフォーム上で、自社に固有のボットを開発し、ユーザーが食べ物をオーダーしたり、電車のチケットを購入したり、あるいはディナーの予約をしたりするための直感的な方法を創造するためのツールが企業に与えられることになった。(24) 会社やサービスにアクセスするために個別のアプリやWebサイトを利用するよりも、ユーザーはFacebookのプラットフォームからアクセスすればいいだけになり、これによってFacebookのチャットボットというプラットフォームはオンラインでの商取引のための主たるインターフェースとなったのである。Googleのサーチエンジンや Amazon のロジスティック・ネットワークに対抗して競争するより、Facebookはインターフェースを支配することによってEコマースのプラットフォームを支配しようと試みている。

今後機能するかどうかについては議論の余地があるが、原則としてこれらの企業は理解可能な方法に沿って拡張しており、とりわけ中心的な位置を奪うことを目的としている。同様の原則は、Apple や Google、Facebook らの試みにも見られる。これら各社は支払い用のプラットフォームになるべく努力し、あらゆる場合にデータとともに少額の料金を徴収することで、金銭的な取引をするためのベースを作ろうとしている。このことはマッピングをめぐる競争についてもあてはまる。これは、Uberによる地図プロバイダの買収、GoogleによるGoogleマッピングカーを使用したナビゲーションシステム、二〇一二年のAppleによる自社固有の位置情報サービスの構築、そしてUberが自社所有の地図プロバイダを構築する可能性といったものの競争である。こうした試みの狙いは、データ階層全体のなかで、ある位置を占めることにある。とはいえ、基礎的データを提供することは多くの力を持つことにつながるが、そのレベルに到達し安定することは困難だし、しかも独占資本や大きな参入障壁による影響を受けやすい。のみならず、全データ階層から見て基礎になる層はより大きな力を持ちやすいとわたしたちは考えるかもしれないが、必ずしもそうした事例ばかりではない。おそらく驚くだろうが、ネットワークプロバイダ（つまり基本的な遠隔通信のインフラを供給するプロバイダー）は、プラットフォーム周囲のエコシステム内では収益が低い位置にある。つまり、さらなる収入を生み出すためには、データ転送の際に差別的な価格設定を推し進めざるを得ない、という位置に置かれている（これは「ネットワーク中立性」の終わりを意味する）。[25] ある立場が戦略的に重要であるかどうかは、

（24）Kuang, 2016.

データ領域全体での位置づけより、企業と顧客からのデータをどれだけうまく利用できるかという点に関係している。

垂直的統合、水平的統合、あるいはコングロマリット化を前提とした伝統的なビジネスモデルと比較すると、上に述べた二つの拡張的傾向は、プラットフォームによる独占に対して拡張のための特別な経路を与える。[26] つまり、プラットフォームの拡張は、さらなるデータを求める要求によって推進されているのだが、このことは、わたしたちが「収束理論（convergence thesis）」とでも名付けることができるものと関連している。これは、異なるプラットフォームの会社にもかかわらず、同じ市場とデータエリアに進出していくにつれて、次第に似たものになっていく傾向のことである。近年では、偶発的な経済状況、および異なる領域における勢力に基づいた戦略的な決定の両者から発生したさまざまなプラットフォームのモデルが飽和状態にある。[27] 鍵となるひとつの問いは、これらの形態は将来的にどのような発展を遂げるだろうか、というものだ。それらは原形的プラットフォームというモデルに収束していくのか？　それとも拡散して専門分化による競争状態を維持するのだろうか？　データ抽出をさらに進め、戦略的な位置を占めるという要求があるならば、各会社は徐々に似たような領域に引き込まれていくように思える。別の言い方をすれば、一見異なっているように見えるFacebook、Google、Microsoft、Amazon、Alibaba、Uber、さらにはGEといった会社が直接的な競争関係にあるということでもある。たとえばIBMはプラットフォーム企業へとシフトしたが、クラウド・コンピューティングのためにSoftlayez社を買収し、ソフトウェア開発のためにBlueMix社を買収した。なぜGoogleがUberとともに自動運転システムをロビイングしているのか、あるいはなぜAmazonとMicrosoftが自動運転システムに必要とされるクラウドのプラットフォームについて、ドイツの自動車会社とのパートナーシップを得るべく協議しているのか？　収束理論はこうしたことを説明するのに役立つ。[28]　AlibabaとAppleはDidiに大規模な投資を行なったが、iPhoneがタクシーを呼ぶための主たるインターフェースになっていることを考えるならば、Appleのパートナーシップはとりわけ戦略的なものである。また、ほぼすべての大規模プラットフォームは医療データのプラットフォームを開

（25）Schiller, 2014: 91-3.
（26）Stucke and Grunes, 2016: 106.
（27）Bratton, 2015: 142.
（28）Taylor, 2016.

発しようとしている。収束傾向はまた国際的な競争を激化させている。インドと中国では、運転シェア産業を支配しようとしている企業（Uber、Didi、Lyft）とEコマースを支配しようとしている企業（Amazon、Alibaba、Flipkart）のあいだで強烈な闘争が起こっている。売上高から考えると、Alibabaはすでに今日の世界で最大のEコマースのサイトだし、[29] Flipkartには一五〇億ドルの価値があると見られている。競争のプレッシャーとそれに続く拡大への要請のもとで、これらのプラットフォームは彼らが必要とする会社を手に入れようとしていると予想するべきだろう。最大手のプラットフォームがもっている莫大な過剰資金を考えるなら、TwitterやYahooのような準大手のプラットフォームさえ購入される可能性がある（実際、わたしが本書を執筆していたとき、MicrosoftがLinkedInを二六〇億ドルで買収し、数百万もの労働者の関心やスキル、職種、およびそれらの推移についてのデータへのアクセスを可能にしたのであった）。二〇一五年には、グローバルな合併や買収は、金融危機以前の水準を超える四〇パーセント以上にまで跳ね上がってしまい、[30] 最大手のプラットフォームはみな、競合相手と争うために必要なリソースを獲得するための大きな動きを見せた。究極的には、わたしたちは分野を超えた収束を、そしてつまりは競争を見ることになる。スマートフォン、電子書籍リーダー、CIoT、クラウド・プラットフォーム、ビデオチャットサービス、支払いサービス、自動運転、ドローン、バーチャル・リアリティ、SNS、インターフェース、ネットワークプロバイダ、検索エンジン、これらはみな収束していき、そしておそらく将来は、もっと多くの領域が収束していくだろう。

三つ目の主要な傾向は、サイロ化したプラットフォームにデータ抽出が集中することである。拡張的な方法が競争上のアドバンテージをもたらすのに十分ではないとき、ユーザーとデータを様々な手段で囲い込んでプラットフォームと結びつけてしまうというアプローチがとられる。たとえば、サービスへの依存度を高めること、他の手段を使わせないようにすること、あるいはデータを移植不可能にすること、などがあげられる。おそらくAppleはこの傾向のリーダーであり、Apple社のサービスは自社のサービスやデバイス内では高度に相互依存しているが、自社でないものに対しては閉ざされている（有名な例外としてAppStoreという半ばオープンなものがあるが）。Facebookも、もうひとつの明らかな例である。実際、Facebookの成功の主たる理由は、Googleが検索技術でオープンウェブを支配したのに対して、Facebookが Googleの支配を逃れる閉じたプラットフォーム

（29） World Bank, 2016: 109.
（30） Kawa, 2016.

として構築されたことにある。Facebookの狙いは、そうすることによって、ユーザーが自分たちの閉ざされたプラットフォームから離れることがないようにする、というものであった。ニュース、ビデオ、オーディオ、メッセージ、Eメール、さらには商品の購入までもが、徐々にプラットフォームそのものの中に埋め込まれていった。Free Basicsプログラムによってインドやその他の国々へインターネット接続をもたらしたFacebookの試みとともに、ユーザーの閉じ込めはますますはっきりした形をとるようになった。Facebookのサービス自体は無料で供給されるが、その他のサービスはFacebookとパートナーになった上でそのプラットフォームを経由する必要がある。これは実際にはインターネットのすべてをマーク・ザッカーバーグのサイロに閉じ込めることになる。[31] Free Basicsサービスはインドでは採用されなかったが、現在三七ヶ国で利用され、二五〇〇万人を超えるユーザーがいる。[32] Uberもまた、利用者を自分たちに集中させるシステムを構築している。Uberではないタクシー需要が減少しているという事態は、Uberではない運転手の数の減少へとつながり、サービスはさらにUberに集中することになる。利用者がUberのプラットフォームを利用するようになればなるほど、Uberではないタクシー運転手は取って代わられ、生き残るためにUberのプラットフォームを利用しなければならなくなる。同じことは客の側でも起きる。Uber ではないタクシーの数が減るほど、タクシーを確実に捕まえるためには、次第に Uber のプラットフォームを用いなければならなくなるだろう。インダストリアル・プラットフォームの領域でも、Siemens と GE がお互いに連携できない（そしてそれを望んでもいない）ことからもわかるように、一連の閉じられた空間へと分解されていることはほぼ間違いない。製造業者たちは、自分たちが選ぶエコシステムのなかに固定されることになるだろう。これは資本家間競争という点から見て、とりわけ重要である。プラットフォームをもたない企業は、取引を続けるためにプラットフォームを利用することを余儀なくされ、両者のあいだで分断が進むことになる。プラットフォーム的ではない企業は、プラットフォームに対して利用料を下げるよう圧力をかけるだろうし、プラットフォームの側も、徐々にコストのかかる独占的なプラットフォームへと切り替えることによって反撃するだろう。Amazon もまた、Google から離れて、閉じたプラットフォームになることを目指している。ユーザーも、オンラインで商品を買うためにインターネットの検索エンジンを用いるよりは、Amazon のプラットフォームへと

（31）Morozov, 2015a: 56.
（32）Bowles, 2016.

フォームから切断することなく商品を検索し、比較し、購入し、配送を追跡してレビューするといったあらゆることができるだろう。

わたしたちはまた、プラットフォームモデルがオープンウェブから閉じたアプリへと徐々に移行していくのを目の当たりにしている。スマートフォンの普及によって、ユーザーはウェブサイトを経由することなく、閉じたアプリを通じてインターネットを利用するようになったが、これが、さまざまな会社がデータ収集を拡大すると同時に独占することができる方法なのである。ユーザーがアプリ利用の傾向を強めれば強めるほど、アプリを通じてデータが抽出されるが、他のプラットフォームが得をすることはない。この傾向はまた、競合関係にある各社が、他社への依存から脱け出そうとすることを意味している。Dropbox は多額の資金を投じて AWS から自社を切り離そうとしているし、Uber も Google マップへの依存から逃れようと試みている。データの蓄積よりもさらに異なるレベルで、プラットフォームは独自の通信インフラストラクチャーを構築しようとしている。たとえば Google は、自社の独占的インターネット、すなわちブラウザ、OS、光ファイバーケーブル網、そしてデータセンターなどの構築を続けているし、そこでは情報は公共のインフラストラクチャーを通じて流出することはない。[33] 同様に、Amazon によるクラウド・ネットワークは独占的でなければ価値がないようなものであり、Microsoft と Facebook も、両社が独占する大西洋にまたがるファイバーケーブルを共同で建設している。[34]論理的な結論として、この傾向は、汎用計算処理という理念に見切りをつけ、固有のサービスおよびそのサービスに伴う付随的な利潤のために最適化された特殊なプラットフォームを生み出すことになるかもしれない。[35]最終的に、大規模プラットフォームの傾向として以下のことがあげられる。それらはネットワーク効果によってかなりの規模にまで発展し、市場からの要求に従って似たような形式に収束する傾向にあり、ライバル社と競合するための鍵となる方法として囲い込みを用いるに至る。もしこの分析が正しいのであれば、資本主義的な競争はインターネットを断片化させる。政治的な努力によって引き延ばしたり覆したりすることができるなら、これが必然的な結果にはならないかもしれない。けれども資本主義的な生産様式の枠内では、こうした結末に向かう強力な競争的圧力が存在しているのである。

（33）Bratton, 2005: 118.
（34）Lardinois, 2016.
（35）Ibid., 119.

数々の挑戦

資本主義を克服し、新しい生産様式へ転換をおこなったというあらゆるレトリック——一九六〇年代のポスト産業社会というテーゼ、一九九〇年代の「ニューエコノミー」という考え、そして今日のシェアリング・エコノミーに対する、激しいが保守的な賞賛に内在するレトリック——を見ても、わたしたちはいまだに競争と収益のシステムに縛り付けられたままである。プラットフォームは競争と管理の新しい形式を提供するが、最終的には収益が成功を判断する最大の要素となる。こうした制限のもとで、わたしたちは今、より開かれた経済のためのプラットフォームを開設する必要がある。わたしたちは、長い停滞期の情景とグローバルな製造業の過剰設備という問題に戻ることから始めることができる。アメリカ合衆国の製造業部門を見ても、その部門が改善される兆しはほとんど見つからない。生産高の点からすると、製造業の成長は、年次成長率は一九九九年に二・一%だったものが二〇〇八年には一・三%まで低下している[36]。同じ傾向は労働生産性にも現れていて、製造業部門では一九九九年から二〇〇八年まで年率四・九パーセントの健全な成長を続けていたが、経済危機のあとでは一・九％にまで低下している。[37] アメリカの経済が製造業以外の部門の成長に依存していることを考慮するならば、このことは予想されてしかるべきである。けれどもグローバルな見通しのなかでも、ほとんど希望は見出されない。とりわけ、中国が作り出した、製造業における生産能力の大規模な過剰が存在している。例をひとつだけあげておくと、中国は世界における主たる鉄鋼生産者であり、二〇一五年の全世界の生産量の半分以上を引き受けている。[38] 現在中国は国内で約七〇億トンの鉄鋼を必要としていて、一〇億トンを輸出している。しかし、生産量を削減しようという継続的な努力にもかかわらず、二〇二〇年において中国がなおも一一億トンの鉄鋼を生産することが予想されている。[39] 過剰設備と過剰生産により、全世界的に低価格化した鉄鋼のダンピングが結果として生じ、それが他国においても価格の下落を招き、英国の Tata Steel Limited のような会社を危機に追いやったのである。中国の動向をより広範に見ていくと、さらに恐

（36） US Department pf Labor, 2016a.
（37） US Department pf Labor, 2016b.
（38） Word Steel Association, 2016.
（39） Mitchell, 2016.

ろしいものがある。石炭はやがてすぐに三三億トンの過剰生産をかかえることになり、アルミニウム工業も世界的な供給過剰にもかかわらず拡大し続け、石油精製においても二〇億トンの生産過剰が生じる可能性がある。さらに、多くの化学工場においても、最大生産量を下回る稼働を続けているにもかかわらず、生産量は増加し続けている。[40] こうした状況において、製造業の工場は、インダストリアル・インターネットが事態を逆転させることに賭けている。ドイツもアメリカもともにこれを大きな機会として捉えているが、ドイツは高価値の製造業（high-value manufacturing）における支配的な立場を続けるために、アメリカは、大戦後の支配的な立場を復活させるためにこうした機会を活用しようとしている。インダストリアル・インターネットは疑いなく、一時のあいだ、特別な利益を生み出すことができる会社をいくつか生み出し、成功させるだろう。その利益は、競争相手が受け取る以上のものとなるはずだ。とはいえ、ここでの中心的な問題は、このことが、世界中の製造業における利益率の不足と生産過剰を長期的に克服できるのか、あるいはできないのかという点にある。インダストリアル・インターネットのプログラムには、製造業を根本的に変えるようなものは何もないように思えるので、事態は変わりそうにない。それはただ、コストとダウンタイムを削減するだけである。インダストリアル・インターネットは、生産性を改善するとか新しい市場を開発するよりも、むしろ価格をさらに下げることを推進し、市場シェアのための競争を増大させ、それによって全世界的な成長を妨げる主な障害をいっそう深刻なものにしてしまうように思える。プラットフォームの所有者は、生み出される利益を吸い上げるだけで、製造業者の直接的な利益が減少しても放っておくだろう。その上、広い範囲で緊縮財政への転回がおこなわれることで、世界中で需要の総量が抑制され続けているし、世界的に生産性の傾向は低下している。一九九九年から二〇〇六年のあいだに、労働生産性は年間二・六%成長しているのに対して、経済危機以降、この傾向は低下して二%近辺にとどまっている。[41] 全要素生産性はさらに低下しており、近年ではほぼゼロ%の成長である。ほぼすべての主要経済大国においてもこの傾向がある。[42]

この状況下で、短期的かつ長期的に金利の低下が進むと（あらゆる点でマイナス領域に入っていくと）、余剰資本は利益が見つかりそうなところならどこであれそれを求めるということは理解できる。一九九〇年代のものと似て、今日のスタートアップのブームは、お

（40）'Gruts for Punishment', 2016.
（41）The Conference Board, 2015: 4.
（42）Ibid., 5.

おおむねこうした力によって駆動させられているように思える。すなわちそれは、ケインズ主義の基本的な教義を放棄するものではなく、ケインズ主義の資産の継続である。けれどもリーン・プラットフォームが持続可能な仕方で活力を供給することを妨げる限界は他にも存在している。おそらくもっともはっきりした限界はアウトソーシング［＝外部委託］に関連したものだ。マージンを抑えるビジネスモデルは、飛び飛びでおこなわれるタスク（食料品の買い物や家の掃除など）に依存するサービスは損害を受けやすいということを示唆している。というのもそれらのサービスは、生き残るために十分な収益を継続的に生み出すものではないからだ。むしろ独自な例として、Uber はうまい場所を押さえている。なぜなら、多くの人々が何らかの仕方で旅行や移動する必要があるからだ。別のエビデンスによると、高スキルが必要とされる個人的な仕事もリーン・プラットフォームで成功することは難しい。なぜならそうした仕事は訓練を必要（したがって雇用主を必要）としており、（プラットフォームによって搾取される関係にとどまらず）自分の裁量で仕事を始める労働者の存在を条件としているからだ。たとえば、ホームクリーニングの個人業者は、プラットフォームが利益としてもたらすものよりも多くの利益を上げることができるが、Homejoy が倒産した理由も、究極的にはそこにあった。[43] アマチュアの個人へと外部委託することはまた、プロフェッショナルな大規模サービスがもっている能率を下げることになるのだ。(44)たとえば、Uber はタクシー車両をまとめ買いしないので、ドライバー個人が自動車を購入する必要がある。あるいは、Airbnb の場合だったら、プロの清掃業者に頼む代わりに、同じ仕事をするアマチュアの清掃人が多数いることになる。こうしたことで総費用は割高となり、結局のところインターネットを通じたサービスの方が、旧来の競争相手と比べて、値段が高いわりに生産性が少ないということになる。グローバルな労働力に頼ることができるサービス、たとえばちょっとしたオンラインの仕事や、データ入力、データクレンジング、マイクロプログラミングなどは、ビジネスとして存続しやすいが、その理由は単純に、そうした業務が、低所得の国ではげしく搾取された労働者に依存しているからに過ぎない。しかしながら、大抵の場合、なんでも外部委託しようとする試みは過剰な拡大を招いてしまう。このことは、これらの会社に対する従業員の反発がすでに起こっていることを考えると、いっそう妥当性があるし（たとえば、Uber ストライキと Uber 労働組合はすでに存在している）、これらのことによって、プラットフォームを操作す

(43) Farr, 2015.
(44) Kaminska, 2016c.

るための諸費用が上昇することは避けがたくなるだろう。ある民事訴訟での計算によると、Uber のドライバーが従業員だった場合、Uber はドライバーに八億五二〇〇万ドルを支払う義務があると見積もられている（Uber は、支払額は四億二九〇〇万ドルにすぎないと主張している）[45]。ひとたび基本的な労働者の権利が従業員に与えられると、反発の結果として、経済的に持続不可能な事業になることがある。

数々の利点はあれど、大多数のこうした事業には、利益が完全に欠落している。多くの会社は、すでにコストや賃金を大幅にカットして、いつか利益を出す可能性をもつような、もっともらしい方向性を少なくとも示している。「成長は利益に優先する」というモデルは、重大な損失を被ることも戦略の一部であると命ずる。とはいえ、ハウスクリーニングのプラットフォームである Homejoy は、コストを下回る料金によって競争相手の力を削ぐことによってこの戦略を実行したが、結果としてついに倒産してしまった[46]。おそらくこの点では Uber の攻撃は最悪のものだった。というのも、利益を生まない中国の他の会社と戦うためだけに、一年で十億ドルの損失を被ったと報告されたからだ[47]。利益を生まない二つの会社の大規模な争いを、資本主義を導く光の代表と見なすのは困難である。Uber はまた、ロビイングとマーケティング、および有利な規制とユーザーベースでの成長を確かなものとするための試みのために巨額の資金を投じている。その取り組みは無謀なものであり、Uber は競合相手を破壊することさえ試みたほどである。Uber はこの戦略を拡大し、長期にわたって経営を続けてきたタクシー会社とライドシェアの別のプラットフォームの両方に対処した。たとえば、競合相手を撤退させるため、Uber は、ライバル会社の運転手の供給を邪魔する取り組みとして、ライバル社の乗車を予約してはキャンセルするという手段に訴えた。[48] データによる競争がうまく機能しないときは、リーン・プラットフォームにとっての選択肢として金と破壊活動が残されているのである。

このことから、わたしたちは最後の大きな限界に行きあたる。すなわち、リーン・プラットフォームは、剰余資本の大きな熱狂に完全に依存している。今日のテック産業のスタートアップに対する投資は、金融の中心性に対するオルタナティヴであるというよりも、むしろその中心性をいっそう表している。最初のテック・ブームとまったく同様に、今日

(45) Levine and Somerville, 2016.
(46) Farr, 2015.
(47) Jourdan and Ruwitch, 2016.
(48) Biddle, 2014.

の状況も、ゆるい財政的なポリシーと高い収益を求める大量の資本によって先導され維持されていた。バブルがいつはじけるのかを判断することは不可能だとしても、この部門に対する熱狂がすでに終わっているという兆候は存在している。テック産業の株式総額は二〇一六年に大規模な損害を被った。[49] スタートアップ部門において、従業員に対する特典が次々と削減され、オープンバーも無料の軽食も、もはやなくなってしまった。[50] さらに重要なこととして、アメリカでは、二〇一五年の最後の三ヶ月で、スタートアップのための資金調達の成長が急激に落ち込み、六〇億ドルにまでなった。ベンチャーキャピタルの財源の急落を受けて、事業もまず、収益確保ができるようになることを余儀なくされた。多くの低利益の事業については二つの選択肢がある。事業から撤退するか、あるいはコストをカットして値段をあげるかだ。大多数の事業者は、あと二年ほどのあいだに事業から撤退することを選びそうだが、高額でオンデマンドの便利さを供給するような、より豪華な業務へと移行する事業者も現れるだろう。一九九〇年代のテック・ブームはわたしたちに少なくともインターネットの基礎となるものを残したが、二〇一〇年代のテック・ブームは富裕層のためのプレミアムサービスを残していくだけのように見える。

その他の種類のプラットフォームの大部分は、いかなる経済危機をも耐え凌げるほど十分強力な立場にあるように思えるが、広告業のプラットフォームは、広告収入に依存する不安定な状態が続いている（例をあげるとGoogleの依存率は八九パーセントであり、Facebookは九六・六パーセントである）。また、これらのプラットフォームが、自分たちの帝国を建設するために相互補助をおこなうことにも留意する必要がある。Googleの無料事業の一覧と、ハイテクノロジーに対するその投資は、すべてGoogleの広告事業によってもたらされた利益を支えとして作られている（そして注目すべきは、金融が最大の広告顧客であるということだ）。[51] 資本主義的な価値づけのプロセスのもとでは、広告業とは、日用品の価値が販売を通じて現実的に了解されるということを保証する手段である。広告は会社同士の争いを表現するが、それ自体が新しい商品を生産するわけではない。さらに言えば、広告業は経済危機の影響を免れてもいない。二〇〇七年から二〇一二年のあいだ、広告費はギリシャでは半減し、スペインでは三分の一となり、二〇一二年にはヨーロッパ全域で一・一％の減少を見せている。[52] アメリカ合衆国においても、広告費が二〇〇八年のレ

（49）Shinal, 2016.
（50）Kim, 2016.
（51）WordStream, 2011.

ベルに戻ったのは二〇一二年だった。[53] より一般的な見解として、一連の経済研究は、広告費は全体的な経済成長率と高い相関関係にあることを示している。[54] 伝統的な広告と比べてデジタル広告が安価なことが理由となって、近年の経済成長の陰で、広告費の増加が頭打ちになっているし、近い将来それがさらに減少していくことも予想されている。[55] 広告費を総額で同じだけ稼ごうとしても、個々の広告費は単純に以前よりも安くなっている。Google と Facebook（そしてその広告を当てにしたその他の事業）にとって大きな問題は、デジタル広告部門の成長がかなり鈍化することが予想されていることにある。二〇〇九年から二〇一四年にかけて一四・七％あった成長率は、二〇一四年から二〇一九年にかけて九・五％になっている。[56] また何よりも、アドブロッカー（広告ブロックのソフトウェア）や広告閲覧回数を偽るボット、あるいは定期的に投稿されるスパムといったものが広まる世界で、広告が生き残ることができるのかどうかは不透明だ。アドブロッカーの使用率は二〇一四年に四一％となり（およそ二一兆八〇〇〇万ドルの広告収入が得られなかったと見積もられている）、二〇一五年には九六％に達した。[57] 比較材料をあげると、Facebook は二〇一四年に一一・五兆ドルの広告費を計上している。つまり、産業界において、アドブロッカーはマイナーな問題ではないということだ。企業はこうした技術的なトレンドと格闘し続けている。だが多量の社会資産が広告の軍拡競争に投資されるべきかどうかについては、疑問を感じざるを得ない。他方で、新しいソフトウェアによって、人々にとって利用できるデータを制御することはますます容易になり、世界中の政府はオンライン上に集積されるデータを管理し始める。[58]関連する企業にとって、広告からの収入は不安定なままであり続ける。Google社のチーフエコノミストであるハル・ヴァリアンでさえ広告の重要性は減っていくと予想し、Googleは徐々にペイパービュー・モデル［＝ページ閲覧と支払いの連動］に向かっていくと考えている。[59]

経済危機やアドブロック、そして規制といった複数の要因によって広告が斜陽になったら、プラットフォームはどうなるだろうか？　まずひとつあげるなら、こうした衰退は囲

(52) Bradshaw, 2012.
(53) Vega and Elliott, 2011.
(54) Jones, 1985; Chang and Chan-Olmsted, 2005; van der Wurff, Bakker, and Picard, 2008.
(55) McKinsey & Company, 2015: 7, II.
(56) Ibid., 17.
(57) 'The Cost of Ad Blocking', 2016: 3; Meeker, 2016.
(58) Pollack, 2016.
(59) Varian, 2015.

い込みへの傾向を加速させるかもしれない。アドブロックはオープンウェブ環境で機能する。だが専用アプリを用いれば、プラットフォームはアプリ上で現れるものをコントロールできる。Googleはオープンウェブ上のインターフェースであり、囲い込むことができない。ヴァリアンが示唆したことだが、これによって別の選択肢が生じる。それは直接支払い形式への移行である（レンタル料、サブスクリプション、手数料、あるいはマイクロペイメント［＝少額の電子決済］などである）。これは他の領域に対して基本的なプラットフォームを供給する動きになるかもしれない。あらゆる金融取引の手数料、Googleの提供する無人運転のプラットフォームを用いる自動車メーカーへのライセンス料、Googleのクラウドサービスを用いる事業の使用料などがあげられる。あるいは、IoTによって使用ごとの課金がそれぞれのものの価値となり、マイクロペイメントの範囲が大幅に拡張される可能性もある。たとえば、車やコンピューター、ドアや冷蔵庫、トイレなどがそうなるかもしれない。[60] 数多くの業者が、すでにこうした選択肢を待ち構えている。この状況にあって、Rolls-RoyceやUber、GEといった企業は、広告環境以降のプラットフォームの未来を予告しているかもしれない（新聞は近年、広告費の減少の潮流と格闘している。ニューヨークタイムズでさえ、収入を得るために食品のデリバリーのようなサービスに頼らざるを得ない）[61]。この仕様においては、賃料はサービスの利用料から引き出されるので、これらのプラットフォームに独占的な立場が与えられると、その他の企業の手が届かなくなる。賃金水準の停滞と不平等の増大がこの状態に結びつくと、未来は情報格差の大規模に増加した世界として描かれる。最終的には、広告費の大規模な削減が起きれば、それらのプラットフォームは、大穴狙いのベンチャー（ドローンやVR、自動運転など）に割くあらゆる支出を余分なものとして削減せざるを得なくなるかもしれない。こういったベンチャーに対して、採算部門の収益から助成を行なうことは終わりを迎えるだろうし、他の大手プラットフォームと競争できるベンチャーの力も失われるだろう。いずれの場合においても、利益を生み出せという資本主義の命令によって、これらのプラットフォームは経済活動の総利益から収益を引き出す新しい方法を開発するか、採算部門の収益を回して独占状態を拡張していくことをやめて、より伝統的な事業形態に戻らざるを得なくなるのではないだろうか。

（60）Morozov, 2016.
（61）Smith, 2016.

将来起こり得ること

そうなると、未来はどうなるのだろうか？　この本で述べたような傾向が続くなら、ある特定の未来が予想できる。プラットフォームは経済を超えて拡大し続けるが、競争の結果それらは急速に閉じてしまう。広告費に依存するプラットフォームは、より直接的な支払いを扱う事業へと移行せざるを得なくなる。外部委託コストとベンチャーキャピタルからの贈与に依存しているリーン・プラットフォームは破産するか、製造業のプラットフォームに移行するしかない（Uberが自動運転車を扱おうとしているように）。最終的には、プラットフォーム資本主義は、提供するサービスの賃料を徴収する方向に進むという、本来の傾向になるように思われる（クラウド型プラットフォーム、インフラストラクチャー的プラットフォーム、あるいは製造業的プラットフォームという形で）。利益という観点から見れば、Amazonには、GoogleやFacebook、Uberよりも未来がある。この筋書きによれば、公衆に向けたインフラストラクチャーとしてのインターネットを背景にした採算部門からの分配という形は終わりを迎え、収入と資産における現存する不平等が、アクセス数の偏りのなかで何度も繰り返されることになるだろう。さらに、これらのプラットフォームは、製造過程において、それらのプラットフォームに依存する企業から多大な利益を吸い上げるに至るであろう。

プラットフォームの共同体制によって、こうした独占的な傾向に立ち向かうことができるかもしれないという議論を立てる人たちもいる。[62] けれども共同組合的なものの伝統的な問題（たとえば、資本主義的な社会関係のもとでの自己搾取が避けられないこと）は、プラットフォームにそなわる独占的な性質によっていっそう深刻なものとなる。プラットフォームは、ネットワーク効果の支配や、そうした企業の背後にある膨大なリソースによって、独占的な性質を帯びざるを得ないのである。プラットフォームのすべてのソフトウェアがオープンソースで作成されたとしても、Facebookのようなプラットフォームは、現存するデータやネットワークの効果、そしてライバル社の共同に立ち向かうことのできる財政的な基盤といった揺るぎないものをもっているのである。

これとは対照的に、国家にはプラットフォームを管理する権力がある。反トラスト法は

（62）Scholz, 2015.

さまざまな独占を解体し、地方条例はリーン・プラットフォームによる搾取を妨げる、ないしは禁止することができる。政府機関はプライバシーについての新しい制限を課すこともできるし、租税回避に対して協働して働きかけることは、資本を公共に還元することになるだろう。おそらくこれらすべての行動が必要とされるだろう。けれどもまた、その効果がむしろ月並みで最小限でしかないことも認めねばならない。これらの活動は、プラットフォームの勃興期に働いていた構造的な状況を理解していない。製造業が長い停滞期に陥っていたころ、プラットフォームが出現し、それが吸い上げた資本はデータマイニングを目指す比較的ダイナミックな部門に投入された。

企業のプラットフォームを規制するだけでなく、公共のプラットフォーム、すなわち一般大衆が所有し、一般大衆が管理するプラットフォームを作り出す取り組みもありうるだろう。(そして重要なことだが、それは監視国家の機構に依存してはならない。)このことはおそらく、国家の膨大なリソースが公共のプラットフォームを支えるために必要な技術へと投資されたこと、およびそれらのプラットフォームに対して公共の有用性が与えられたということを意味するであろう。もう少しラディカルな物言いをするならば、わたしたちは既存のプラットフォームによって集積されたデータを利用するポスト資本主義的プラットフォームを推進して資源を再分配し、民主的な政治参加を促し、より高度な技術的な発展を生み出すことができるのではないか。おそらく今日、わたしたちはプラットフォームを集産主義によって組織化せねばならないのである。

とはいえ、現在の状況を変えようとするあらゆる努力は、現行のプラットフォームの存在を考慮せねばならない。目下の局面についての適切な理解が、わたしたちの局面に適した戦略および戦術を作り出すために不可欠なのである。プラットフォームは長い停滞期の根底をなす条件を克服するために登場したようには思えない。それどころか、プラットフォームは自らの支配力を強め、それによって莫大な富を集積することで、独占的権力を強固なものにしているようにさえ思える。プラットフォームがわたしたちのデジタル環境にますます浸透し、社会も急激にそれらに対する依存を強めていくにつれて、プラットフォームがどのように作動し、それに対して何ができるのかを理解することがきわめて重要となる。よりよき未来を打ち立てるために、こうした理解が必要とされている。

訳者あとがき

本書はNick Srnicek, *Platform Capitalism*, Polity, 2016の日本語訳である。著者のニック・スルネックは一九八二年生まれのカナダ人で、西オンタリオ大学で修士号を取得した後、二〇一三年にロンドン・スクール・オブ・エコノミーで博士号を取得。博士論文の題は「複雑性を表象する：世界政治の物質的構成 *Representing the Complexity: The Material Construction of World Politics*」であり、同スクールの国際関係学部に提出された。現在スルネックはキングズ・カレッジ・ロンドンのデジタル・ヒューマニティーズ学部で講師を務めている。

著者の姓は今までの日本語文献では「スルニチェク」と表記されていた。だが、最近日本語訳が刊行されたマーク・フィッシャーの『ポスト資本主義の欲望』によれば、この姓の綴りは"sur-nek"と発音するとされている。フィッシャーによれば、スルネックの先祖がカナダに移住した際、現地の人に正しい発音（おそらく「スルニチェク」に近い音）を伝えることを諦めたのがその理由とのことだが、真偽のほどは定かではない（Mark Fisher, *Post-Capitalist Desire*, Repeater Books, 2021, p.40.：マーク・フィッシャー『ポスト資本主義の欲望』、大橋完太郎訳、左右社、二〇二二年、二一頁）。日本語表記に際して、スルネックの講演、あるいはその招聘者による紹介などの映像資料を再度いくつか確認し、「スルネック」、あるいはそれとよく似た発音が主流であったことを理由に、「スルネック」という表記を採用した。

本書『プラットフォーム資本主義』はスルネックによる初の単著である。スルネックはそれ以前にも、グレアム・ハーマンら計三名による *Speculative Turn*（re.press, 2011）や、アレックス・ウィリアムズとともに *Inventing the Future*（Verso, 2015）といった著作を刊行しているが、いずれも共編著ないしは共著という形をとっている。それらと比べると、本書では、スルネック自身の経済学的な専門性がもっともはっきりと示されている。このことは、先述した博士論文の第二章にある「プラットフォーム」と題された一節と比較すると、よりわかりやすい。そこでは、プラットフォームは、テクノロジーを通じて「社会存在の動きや相互作用、組織化を形成するもの」として定義されており、抽象度の高い概念として取り上げられている（Srnicek, *Representing the Complexity: The Material Construction of World Politics*, p. 65.）。プラットフォームはむしろ思弁的なレベルで定立され、ラトゥールやシモンドンの哲学を経由して、その技術‐社会哲学的意味が説明される。本書に見られるような、産業としてのプラットフォーム、およびそれが引き起こす経済的動向についての具体的説明はそこには見られない。

それゆえ、本書の一番の特徴は、強力な思弁的哲学者という一面も備えた経済学者スルネックによる、二〇一五年前後にいたるまでの状況整理という点にあると言えるだろう。スルネックの言葉をなぞるにとどめるが、本書の主題は「資本主義およびデジタルテクノロジーの経済史」であり、グローバル経済とデジタル・エコノミーが発展した現在における今日的な状況を、「オーナーシップや利益」あるいは「経済的な文脈や資本主義体制からの要請」といった観点から説明することにある。すなわちそれは「メジャーなテック企業を、資本主義的な生産様式の枠内における経済的なアクターとして考える」ことであり、文化的・イデオロギー的な要因をあえて脇に置いて、生産と経営の史的展開の見通しのなかで今日のプラットフォームのあり方を考える試みなのである。多くの具体的な参照に基づいたスルネックの分析は、きわめて明晰なものに思える。その明晰さゆえの使いやすさも含めて、本書はデジタルテクノロジーとその経済をめぐる問題に、きわめて有用かつ基礎となる見通しを与えている。少なくとも訳者は翻訳作業を通じて、今日GAFAMと呼ばれる企業の問題点や、製造業におけるデジタル・プラットフォームの役割、UberやDidiが隆盛した理由など、自分を取り巻くさまざまなデジタル関連事業の位置づけや意味を明確に理解することができた。

一点だけ付け加えるならば、スルネックが予言したプラットフォームの将来は、世界規模でのコロナウィルスの感染拡大によって、いくばくかの変更を余儀なくされているかもしれない。理由のひとつは、人々の接触が相当に制限されてしまった世界的感染症流行という状況において、Uber的プラットフォームが大きな勢力を誇り、コロナ下により増加した失業者を吸収しつつ、その利益を（少なくとも北米では）拡大させていったからである。人々の行動が制限された結果、経済の活性化を継続させるための新たな層が現れ、それに対してUberないしは類似した業態の各社が競合する事態となっている。これが新たなプラットフォーム移行への推移なのか、旧プラットフォームの延命なのかは判断しかねるが、少なくともスルネックが本書最終部で述べているような、製造業的プラットフォームへの回帰がすぐに起こる兆しはないように思われる。なおスルネック自身は、最新の論考のひとつでは、本書の議論をベースにして、二〇一〇年代後半のプラットフォームの周囲でいかなる種類の使用料が発生しているのかについての論考を発表している（Nick Srnicek, "Value, rent and platform capitalism", in *Work and Labour Relations in Global Platform Capitalism*, eds. Julieta Haidar and Maarten Keune, Edward Elgar Publishing, 2021. [open access https://www.elgaronline.com/view/edcoll/9781802205121/9781802205121.xml]）。

本書の訳出に際しては、同書のフランス語訳である *Capitalisme de plateforme*（traduit par Philippe Blouin, Lux Editeur, 2017）も参考にした。翻訳作業は分担しておこない、謝辞、イントロダクションと第三章を大橋が、第一章と第二章、および文献一覧を居村が担当し、相互にチェックしたのち、最終的に大橋が全体的な訳文を調整した。訳においては原文のニュアンスを損なうことがないよう留意したが、表現や内容面での理解の至らぬ点について、識者からの助言・批判を乞う次第である。刊行に際しては人文書院の松岡隆浩氏に大いにお世話になった。本書の日本語訳刊行を後押しし、遅れがちな作業を完成まで至らしめたのは、ただただ松岡氏の熱意によるものである。ここに改めて感謝をお伝えしたい。

最後に繰り返すが、本書は今日の各種デジタル産業の基本的構造を、その歴史的経緯を掘り下げつつ、きわめて明晰かつコンパクトに解説した一冊である。本書が現状を理解するための最適な手引き書の一冊であることを今一度強調しておきたく思う。

訳者を代表して　大橋完太郎

Wittel, Andreas. 2016. 'Digital Marx: Toward a Political Economy of Distributed Media'. In *Marx in the Age of Digital Capitalism*, edited by Christian Fuchs and Vincent Mosco, pp. 68–104. Leiden: Brill.

World Bank. 2016. 'World Development Reports, 2016: Digital Dividends'.

Washington, DC. http://www.worldbank.org/en/publication/wdr2016 (accessed 29 May 2016).［最終アクセス 2022 年 8 月 19 日］

World Economic Forum. 2015. 'Industrial Internet of Things: Unleashing the Potential of Connected Products and Services'. New York. http://www3.weforum.org/docs/WEFUSA_IndustrialInternet_Report2015.pdf (accessed 27 May 2016).［最終アクセス 2022 年 8 月 19 日］

World Steel Association. 2016. 'March 2016 Crude Steel Production'. Brussels. http://www.worldsteel.org/statistics/crude-steel-production-2016-2015.html (accessed 29 May 2016).［リンク切れ 2022 年 8 月 19 日］

WordStream. 2011. 'What Industries Contributed the Most to Google's Earnings?' WordStream Inc. https://www.wordstream.com/blog/ws/2012/01/23/google-revenues (accessed 29 May 2016).［最終アクセス 2022 年 8 月 19 日］

Zaske, Sara. 2015. 'Germany's Vision for Industrie 4.0: The Revolution Will Be Digitised'. *ZDNet*, 23 February. https://www.zdnet.com/article/germanys-vision-for-industrie-4-0-the-revolution-will-be-digitised (accessed 10 June 2016).［最終アクセス 2022 年 8 月 19 日］

Zuboff, Shoshana. 2015. 'Big Other: Surveillance Capitalism and the Prospects of an Information Civilization'. *Journal of Information Technology*, 30 (1): 75–89. doi: 10.1057/jit.2015.5.

Zuboff, Shoshana. 2016. 'Google as a Fortune Teller: The Secrets of Surveillance Capitalism'. *Frankfurter Allgemeine Zeitung*, 5 March. http://www.faz.net/aktuell/feuilleton/debatten/the-digital-debate/shoshanazuboff-secrets-of-surveillance-capitalism-14103616.html (accessed 12 June 2016).［最終アクセス 2022 年 8 月 19 日］

Zucman, Gabriel. 2015. *The Hidden Wealth of Nations: The Scourge of Tax Havens*, translated by Teresa Lavender Fagan. Chicago, IL: University of Chicago Press.

nit=BKWH (accessed 12 May 2016). ［最終アクセス 2022 年 8 月 19 日］
van der Wurff, Richard, Piet Bakker, and Robert Picard. 2008. 'Economic Growth and Advertising Expenditures in Different Media in Different Countries'. *Journal of Media Economics*, 21 (1): 28–52.
Varian, Hal. 2009. 'Online Ad Auctions'. *American Economic Review*, 99 (2): 430–34.
Varian, Hal. 2015. 'Big Data and Economic Measurement'. Paper presented at the Stockholm School of Economics, Stockholm External Seminar, 7 September. https://soundcloud.com/snsinfo/2015-09-08-sns-sifr-finanspanelgoogles-chefekonom-hal-varian (accessed June 10, 2016). ［リンク切れ 2022 年 8 月 19 日］
Vega, Tanzina, and Stuart Elliott. 2011. 'After Two Slow Years, an Industry Rebound Begins'. *The New York Times*, 2 January. http://www.nytimes.com/2011/01/03/business/media/03adco.html (accessed 29 May 2016). ［最終アクセス 2022 年 8 月 19 日］
Vercellone, Carlo. 2007. 'From Formal Subsumption to General Intellect: Elements for a Marxist Reading of the Thesis of Cognitive Capitalism'. *Historical Materialism*, 15 (1): 13–36.
Wark, McKenzie. 2004. *A Hacker Manifesto*. Cambridge, MA: Harvard University Press. ［マッケンジー・ワーク『ハッカー宣言』金田智之訳、河出書房新社、2005 年］
Waters, Richard. 2016. 'Microsoft's Nadella Taps Potential of Industrial Internet of Things'. *Financial Times*, 22 April. http://www.ft.com/cms/s/0/c8e2e1d0-0861-11e6-a623-b84d06a39ec2.html (accessed 30 June 2016). ［最終アクセス 2022 年 8 月 19 日］
Webb, Alex. 2015. 'Can Germany Beat the US to the Industrial Internet?' Bloomberg Businessweek, 18 September. https://www.bloomberg.com/news/articles/2015-09-18/can-the-mittelstand-fend-off-u-s-software-giants- (accessed 29 May 2016). ［最終アクセス 2022 年 8 月 19 日］
Wheelock, Jane. 1983. 'Competition in the Marxist Tradition'. *Capital & Class*, 7 (3): 18–47.
Wile, Rob. 2016. 'There Are Probably Way More People in the "Gig Economy" Than We Realize'. *Fusion*. Accessed 24 March. http://fusion.net/story/173244/there-are-probably-way-more-people-in-thegig-economy-than-we-realize (accessed 29 May 2016). ［リンク切れ 2022 年 8 月 19 日］

articles/600523/rich-people-have-nowhere-moneyserious-problem (accessed 4 June 2016). [最終アクセス 2022 年 8 月 19 日]

Srnicek, Nick, and Alex Williams. 2015. *Inventing the Future: Postcapitalism and a World without Work.* London: Verso.

Stokes, Kathleen, Emma Clarence, Lauren Anderson, and April Rinne. 2014. *Making Sense of the UK Collaborative Economy.* London: Nesta. https://www.nesta.org.uk/sites/default/files/making_sense_of_the_uk_collaborative_economy (accessed 4 June 2016).

Stucke, Maurice, and Allen Grunes. 2016. *Big Data and Competition Policy.* Oxford: Oxford University Press.

Taylor, Edward. 2016. 'Amazon, Microsoft Look for Big Data Role in Self-Driving Cars'. *Reuters,* 1 April. http://www.reuters.com/article/usautomakers-here-amazon-idUSKCN0WX2D8 (accessed 4 June 2016). [最終アクセス 2022 年 8 月 19 日]

Terranova, Tiziana. 2000. 'Free Labor: Producing Culture for the Digital Economy'. *Social Text,* 18 (2.63): 33–58.

US Department of Labor. 2005. 'Contingent and Alternative Employment Arrangements, February 2005'. News. Bureau of Labor Statistics, Washington, DC. http://www.bls.gov/news.release/pdf/conemp.pdf (accessed 4 June 2016). [最終アクセス 2022 年 8 月 19 日]

US Department of Labor. 2016a. 'Databases, Tables and Calculators by Subject: Output'. Bureau of Labor Statistics, Washington, DC. http://data.bls.gov/timeseries/PRS30006042 (accessed 9 June, 2016). [最終アクセス 2022 年 8 月 19 日]

US Department of Labor. 2016b. 'Databases, Tables and Calculators by Subject: Output: Labor Productivity'. Bureau of Labor Statistics, Washington, DC. http://data.bls.gov/timeseries/PRS30006042 (accessed 9 June, 2016). [最終アクセス 2022 年 8 月 19 日]

US Department of Labor, n.d. 'Press Releases: Employee Misclassification as Independent Contractors'. Wage and Hour Division (WHD). https://www.dol.gov/agencies/whd/flsa/misclassification (accessed 12 June, 2016). [最終アクセス 2022 年 8 月 19 日]

US Energy Information Administration. n.d. 'International Energy Statistics: Electricity Consumption'. https://www.eia.gov/cfapps/ipdbproject/iedindex3.cfm?tid=2&pid=2&aid=2&cid=regions&syid=2012&eyid=2012&u

アクセス 2022 年 8 月 19 日]
Rochet, Jean-Charles, and Jean Tirole. 2003. 'Platform Competition in Two-Sided Markets'. *Journal of the European Economic Association*, 1 (4): 990–1029.
Rochet, Jean-Charles, and Jean Tirole. 2006. 'Two-Sided Markets: A Progress Report'. *The RAND Journal of Economics*, 37 (3): 645–67.
Scheiber, Noam. 2015. 'Growth in the "Gig Economy" Fuels Work Force Anxieties'. *The New York Times*, 12 July. https://www.nytimes.com/2015/07/13/business/rising-economic-insecurity-tied-to-decades-long-trend-in-employment-practices.html (accessed 4 June 2016). [最終アクセス 2022 年 8 月 19 日]
Schiller, Dan. 2014. *Digital Depression: Information Technology and Economic Crisis*. Chicago, IL: University of Illinois Press.
Scholz, Trebor. 2015. *Platform Cooperativism: Challenging the Corporate Sharing Economy*. New York: Rosa Luxemburg Stiftung. http://www.rosalux-nyc.org/wp-content/files_mf/scholz_platformcooperativism_2016.pdf (accessed 4 June 2016). [リンク切れ 2022 年 8 月 19 日]
Select Committee on European Union. 2016. *Online Platforms and the Digital Single Market*. London: House of Lords. http://www.publications.parliament.uk/pa/ld201516/ldselect/ldeucom/129/129.pdf (accessed 30 June 2016). [リンク切れ 2022 年 8 月 19 日]
Shankland, Stephen. 2009. 'Google Uncloaks Once-Secret Server'. CNET. 11 December. https://www.cnet.com/tech/tech-industry/google-uncloaks-once-secret-server-10209580 (accessed 4 June 2016). [最終アクセス 2022 年 8 月 19 日]
Shinal, John. 2016. 'Bye-Bye Internet Bubble 2.0'. *USA Today*, 7 February. http://www.usatoday.com/story/tech/columnist/shinal/2016/02/05/bye-byeinternet-bubble-20/79887644 (accessed 4 June 2016). [最終アクセス 2022 年 8 月 19 日]
Smith, Gerry. 2016. 'New York Times to Start Delivering Meal Kits to Your Home'. Bloomberg Technology. 5 May. https://www.bloomberg.com/news/articles/2016-05-05/new-york-times-to-start-delivering-meal-kits-to-your-home (accessed 4 June 2016). [最終アクセス 2022 年 8 月 19 日]
Spross, Jeff. 2016. 'Rich People Have Nowhere to Put Their Money: This Is a Serious Problem'. *The Week*, 22 January. http://theweek.com/

National Statistics, London, 6 April. https://www.ons.gov.uk/economy/nationalaccounts/uksectoraccounts/articles/economicreview/april2016 (accessed 29 May 2016). [最終アクセス 2022 年 8 月 19 日]

Office for National Statistics. 2016b. 'Employment by Industry: EMP13' (emp13may2016xls). http://www.ons.gov.uk/employmentandlabourmarket/peopleinwork/employmentandemployeetypes/ (accessed 29 May 2016). [最終アクセス 2022 年 8 月 19 日]

O'Keefe, Brian, and Marty Jones. 2015. 'Uber's Elaborate Tax Scheme Explained'. *Fortune*, 22 October. https://fortune.com/2015/10/22/uber-tax-shell (accessed 22 May 2016). [最終アクセス 2022 年 8 月 19 日]

Pasquale, Frank. 2015. 'The Other Big Brother'. *The Atlantic*, 21 September. http://www.theatlantic.com/business/archive/2015/09/corporate-surveillanceactivists/406201 (accessed 22 May 2016). [最終アクセス 2022 年 8 月 19 日]

Perez, Carlota. 2009. 'The Double Bubble at the Turn of the Century: Technological Roots and Structural Implications'. *Cambridge Journal of Economics*, 33 (4): 779–805.

Piketty, Thomas. 2014. *Capital in the Twenty-First Century*, translated by Arthur Goldhammer. Cambridge, MA: Harvard University Press. [トマ・ピケティ『21 世紀の資本』山形浩生、守岡桜、森本正史訳、みすず書房、2014 年]

Polivka, Anne. 1996. 'Contingent and Alternative Work Arrangements, Defined'. *Monthly Labor Review*, 119 (10): 3–9.

Pollack, Lisa. 2016. 'What Is the Price for Your Personal Digital Dataset?' *Financial Times*, 10 May. https://www.ft.com/content/1d5bd1d0-15f6-11e6-9d98-00386a18e39d (accessed 30 June 2016). [最終アクセス 2022 年 8 月 19 日]

Rachel, Łukasz, and Thomas Smith. 2015. 'Secular Drivers of the Global Real Interest Rate'. Staff Working Paper 571. London: Bank of England. https://www.bankofengland.co.uk/working-paper/2015/secular-drivers-of-the-global-real-interest-rate (accessed June 12, 2016). [最終アクセス 2022 年 8 月 19 日]

'Reinventing the Deal'. 2015. *The Economist*, 24 October. http://www.economist.com/news/briefing/21676760-americas-startups-arechanging-what-itmeans-own-company-reinventing-deal (accessed 4 June 2016). [最終

Miller, Ron. 2016. 'IBM Launches Quantum Computing as a Cloud Service'. TechCrunch. 3 May. https://techcrunch.com/2016/05/03/ibm-brings-experimental-quantum-computing-to-the-cloud (accessed 22 May 2016). [最終アクセス 2022 年 8 月 19 日]

Mitchell, Tom. 2016. 'China Steel Overcapacity to Remain After Restructuring'. *Financial Times*, 10 April. https://www.ft.com/content/e62e3722-fee2-11e5-ac98-3c15a1aa2e62?siteedition=uk (accessed 30 June 2016). [最終アクセス 2022 年 8 月 19 日]

MIT Technology Review. 2016. 'The Rise of Data Capital'. https://www.technologyreview.com/2016/03/21/161487/the-rise-of-data-capital (accessed 5 June 2016). [最終アクセス 2022 年 8 月 19 日]

Moore, Jason W. 2015. *Capitalism in the Web of Life: Ecology and the Accumulation of Capital*. London: Verso. [ジェイソン・ムーア『生命の網のなかの資本主義』滝口良訳、東洋経済新報社、2021 年]

Morozov, Evgeny. 2015a. 'Socialize the Data Centres!' *New Left Review*, 91: 45–66.

Morozov, Evgeny. 2015b. 'The Taming of Tech Criticism'. *The Baffler*, 27. http://thebaffler.com/salvos/taming-tech-criticism (accessed 22 May 2016). [最終アクセス 2022 年 8 月 19 日]

Morozov, Evgeny. 2016. 'Tech Titans Are Busy Privatising Our Data'. *The Guardian*, 24 April. https://www.theguardian.com/commentisfree/2016/apr/24/the-new-feudalism-silicon-valley-overlords-advertising-necessary-evil (accessed 22 May 2016). [最終アクセス 2022 年 8 月 19 日]

Murray, Alan. 2016. 'How GE and Henry Schein Show That Every Company Is a Tech Company'. *Fortune*, 10 June. https://fortune.com/2016/06/10/henry-schein-ge-digital-revolution (accessed 30 June 2016). [最終アクセス 2022 年 8 月 19 日]

National Venture Capital Association. 2016. *Yearbook 2016*. Arlington: NVCA. http://nvca.org/?ddownload=2963 (accessed 22 May 2016). [リンク切れ 2022 年 8 月 19 日]

Office for National Statistics. 2014. 'Self-Employed Workers in the UK: 2014'. Office for National Statistics, London, 20 August. http://www.ons.gov.uk/ons/dcp171776_374941.pdf (accessed 4 June 2016). [最終アクセス 2022 年 8 月 19 日]

Office for National Statistics. 2016a. 'Economic Review: April 2016'. Office for

Marx, Karl. 1990. *Capital: A Critique of Political Economy*, vol. 1, translated by Ben Fowkes. London: Penguin.［マルクス『資本論 1（第一部全）』長谷部文雄訳、河出書房新社、2004 年］

Mason, Will. 2016. 'Oculus "Always On" Services and Privacy Policy May Be a Cause for Concern'. UploadVR. 1 April. https://uploadvr.com/facebook-oculus-privacy (accessed 22 May 2016).［最終アクセス 2022 年 8 月 19 日］

Maxwell, Richard, and Toby Miller. 2012. *Greening the Media*. Oxford: Oxford University Press.

McBride, Sarah, and Narottam Medhora. 2016. 'Amazon Profit Crushes Estimates as Cloud-Service Revenue Soars'. Reuters. 28 April. http://www.reuters.com/article/us-amazonresults-idUSKCN0XP2WD (accessed 22 May 2016).［最終アクセス 2022 年 8 月 19 日］

McKinsey & Company. 2015. *Global Media Report, 2015: Global Industry Overview*. Global Media and Entertainment Practice. https://www.mckinsey.com/industries/technology-media-and-telecommunications/our-insights/2015-global-media-report (accessed 25 May 2016).［最終アクセス 2022 年 8 月 19 日］

Meeker, Mary. 2016. *Internet Trends 2016*. Kleiner Perkins Caufield & Byers. http://www.kpcb.com/internet-trends (accessed 30 June 2016).［リンク切れ 2022 年 8 月 19 日］

Metz, Cade. 2012. 'If Xerox PARC Invented the PC, Google Invented the Internet'. *Wired*, 8 August. https://www.wired.com/2012/08/google-as-xerox-parc (accessed 22 May 2016).［最終アクセス 2022 年 8 月 19 日］

Metz, Cade. 2015. 'Google Is 2 Billion Lines of Code – And It's All in One Place'. *Wired*, 16 September. http://www.wired.com/2015/09/google-2-billion-lines-codeand-one-place (accessed 22 May 2016).［最終アクセス 2022 年 8 月 19 日］

Miller, Ron. 2015a. 'GE Adds Infrastructure Services to Internet of Things Platform'. TechCrunch. 4 August. https://techcrunch.com/2015/08/04/ge-adds-infrastructure-services-to-internet-of-things-platform (accessed 10 April 2016).［最終アクセス 2022 年 8 月 19 日］

Miller, Ron. 2015b. 'GE Predicts Predix Platform Will Generate $6B in Revenue This Year'. *TechCrunch*. 29 September. https://techcrunch.com/2015/09/29/ge-predicts-predix-platform-will-generate-6b-in-revenue-this-year (accessed 10 April 2016).［最終アクセス 2022 年 8 月 19 日］

月 19 日]
Klein, Matthew. 2016. 'The US Tech Sector Is Really Small'. *Financial Times*, 8 January. https://www.ft.com/content/8d703049-741f-36f3-bcbc-ff104bee8d18 (accessed 30 June 2016). [最終アクセス 2022 年 8 月 19 日]
Knight, Sam. 2016. 'How Uber Conquered London'. *The Guardian*, 27 April. https://www.theguardian.com/technology/2016/apr/27/how-uber-conquered-london (accessed 22 May 2016). [最終アクセス 2022 年 8 月 19 日]
Kosoff, Maya. 2015. 'Uber's Nightmare Scenario'. Business Insider. 19 July. https://www.businessinsider.com/how-everything-could-go-wrong-at-uber-2015-9 (accessed 22 May 2016). [最終アクセス 2022 年 8 月 19 日]
Krugman, Paul. 1998. 'It's Baaack: Japan's Slump and the Return of the Liquidity Trap'. *Brookings Papers on Economic Activity*, 29 (2): 137–206.
Kuang, Cliff. 2016. 'How Facebook's Big Bet on Chatbots Might Remake the UX of the Web'. Co.Desi.gn. 12 April. http://www.fastcodesign.com/3058818/how-facebooks-big-bet-on-chatbotsmight-remake-the-ux-of-the-web (accessed 22 May 2016). [リンク切れ 2022 年 8 月 19 日]
Lardinois, Frederic. 2016. 'Microsoft and Facebook Are Building the Fastest Trans-Atlantic Cable Yet'. *TechCrunch*, 26 May. https://techcrunch.com/2016/05/26/microsoft-and-facebook-are-building-the-fastest-trans-atlantic-cable-yet (accessed 30 June 2016). [最終アクセス 2022 年 8 月 19 日]
Levine, Dan, and Heather Somerville. 2016. 'Uber Drivers, if Employees, Owed $730 Million More: US Court Papers'. Reuters. 10 May. http://www.reuters.com/article/us-uber-tech-driverslawsuitidUSKCN0Y02E8 (accessed 22 May 2016). [最終アクセス 2022 年 8 月 19 日]
Löffler, Markus, and Andreas Tschiesner. 2013. 'The Internet of Things and the Future of Manufacturing'. McKinsey & Company. https://www.mckinsey.com/business-functions/mckinsey-digital/our-insights/the-internet-of-things-and-the-future-of-manufacturing (accessed 22 May 2016). [最終アクセス 2022 年 8 月 19 日]
Manyika, James, Susan Lund, Kelsey Robinson, John Valentino, and Richard Dobbs. 2015. 'A Labor Market That Works: Connecting Talent with Opportunity in the Digital Age'. McKinsey Global Institute. http://www.mckinsey.com/global-themes/employment-andgrowth/connecting-talent-with-opportunity-in-the-digital-age (accessed 22 May 2016). [リンク切れ 2022 年 8 月 19 日]

content/17b90ed9-e57d-3940-90f4-d2d1699288b3 (accessed 30 June 2016). ［最終アクセス 2022 年 8 月 19 日］

Kaminska, Izabella. 2016b. 'On the Hypothetical Eventuality of No More Free Internet'. FT Alphaville. 10 February. https://www.ft.com/content/b7d2e2a1-add2-311e-acbd-be8f22606590 (accessed 30 June 2016). ［最終アクセス 2022 年 8 月 19 日］

Kaminska, Izabella. 2016c. 'Scaling, and Why Unicorns Can't Survive Without It'. *FT Alphaville*, 15 January. https://www.ft.com/content/948535b3-48df-3aff-b4cb-d8dad5d7dbd0 (accessed 30 June 2016). ［最終アクセス 2022 年 8 月 19 日］

Karabarbounis, Loukas, and Brent Neiman. 2012. 'Declining Labor Shares and the Global Rise of Corporate Saving'. NBER Working Paper 18154. National Bureau of Economic Research, http://www.nber.org/papers/w18154 (accessed 27 May 2016). ［最終アクセス 2022 年 8 月 19 日］

Katz, Lawrence, and Alan Krueger. 2016. 'The Rise of Alternative Work Arrangements and the "Gig" Economy'. Scribd. 14 March. https://www.scribd.com/doc/306279776/Katz-and-Krueger-Alt-Work-Deck (accessed 27 May 2016). ［リンク切れ 2022 年 8 月 19 日］

Kawa, Luke. 2016. 'Piles of Cash Mean the Biggest Companies Will Get Even Bigger'. Bloomberg. 21 January. https://www.bloomberg.com/news/articles/2016-01-21/piles-of-cash-mean-the-biggest-companies-will-get-even-bigger (accessed 6 June, 2016). ［最終アクセス 2022 年 8 月 19 日］

Kelion, Leo. 2013. 'LG Investigates Smart TV "Unauthorised Spying" Claim'. BBC News. 20 November. http://www.bbc.co.uk/news/technology-25018225 (accessed 27 May 2016). ［最終アクセス 2022 年 8 月 19 日］

Khan, Mehreen. 2016. 'Mapped: Negative Central Bank Interest Rates Now Herald New Danger for the World'. *The Telegraph*, 15 February. https://www.telegraph.co.uk/finance/economics/12149894/Mapped-Why-negative-interest-rates-herald-new-danger-for-the-world.html (accessed 22 May 2016). ［最終アクセス 2022 年 8 月 19 日］

Kim, Eugene. 2016. 'Dropbox Cut a Bunch of Perks and Told Employees to Save More as Silicon Valley Startups Brace for the Cold'. Business Insider. 7 May. http://uk.businessinsider.com/cost-cutting-at-dropbox-and-siliconvalley-startups-2016-5 (accessed 22 May 2016). ［リンク切れ 2022 年 8

終アクセス 2022 年 8 月 19 日]
Huet, Ellen. 2016. 'Instacart Gets Red Bull and Doritos to Pay Your Delivery Fees'. Bloomberg Technology. 11 March. https://www.bloomberg.com/news/articles/2016-03-11/instacart-gets-red-bull-and-doritos-to-pay-your-delivery-fees (accessed 6 June 2016). [最終アクセス 2022 年 8 月 19 日]
Huws, Ursula. 2014. *Labor in the Global Digital Economy: The Cybertariat Comes of Age*. New York: Monthly Review Press.
Huws, Ursula, and Simon Joyce. 2016. 'Crowd Working Survey'. University of Hertford-shire. February. http://www.feps-europe.eu/assets/a82bcd12-fb97-43a6-9346-24242695a183/crowd-working-surveypdf.pdf (accessed 27 May 2016). [リンク切れ 2022 年 8 月 19 日]
Hwang, Tim, and Madeleine Clare Elish. 2015. 'The Mirage of the Marketplace: The Disingenuous Ways Uber Hides behind Its Algorithm'. *Slate*, 17 July. https://slate.com/technology/2015/07/ubers-algorithm-and-the-mirage-of-the-marketplace.html (accessed 27 May 2016).
International Federation of the Phonographic Industry. 2015. *IFPI Digital Music Report 2015: Charting the Path to Sustainable Growth*. London: IFPI. http://www.ifpi.org/downloads/Digital-Music-Report-2015.pdf (accessed 27 May 2016). [リンク切れ 2022 年 8 月 19 日]
Jones, John Philip. 1985. 'Is Total Advertising Going Up or Down?' *International Journal of Advertising*, 4 (1): 47–64.
Jourdan, Adam, and John Ruwitch. 2016. 'Uber Losing $1 Billion a Year to Compete in China'. Reuters. 18 February. http://www.reuters.com/article/uber-china-idUSKCN0VR1M9 (accessed 27 May 2016). [最終アクセス 2022 年 8 月 19 日]
Joyce, Michael, Matthew Tong, and Robert Woods. 2011. 'The United Kingdom's Quantitative Easing Policy: Design, Operation and Impact'. *Quarterly Bulletin*, Q3: 200–212.
Kamdar, Adi. 2016. 'Why Some Gig Economy Startups Are Reclassifying Workers as Employees'. On Labor: Workers, Unions, and Politics. 19 February. http://onlabor.org/2016/02/19/why-some-gig-economy-startups-arereclassifying-workers-as-employees (accessed 27 May 2016). [最終アクセス 2022 年 8 月 19 日]
Kaminska, Izabella. 2016a. 'Davos: Historians Dream of Fourth Industrial Revolutions'. *Financial Times*, 20 January. https://www.ft.com/

セス 2022 年 8 月 19 日]
Goodwin, Tom. 2015. 'The Battle Is for the Customer Interface'. *TechCrunch*. 3 March. http://tcrn.ch/1DI138A (accessed 25 May 2016). [最終アクセス 2022 年 8 月 19 日]
Gordon, Robert. 2000. 'Interpreting the "One Big Wave" in US Long-Term Productivity Growth'. NBER Working Paper 7752. National Bureau of Economic Research. http://www.nber.org/papers/w7752 (accessed 25 May 2016). [最終アクセス 2022 年 8 月 19 日]
Greenspan, Alan. 1996. 'The Challenge of Central Banking in a Democratic Society'. Paper presented at the Annual Dinner and Francis Boyer Lecture of the American Enterprise, Institute for Public Policy Research, Washington, DC, 5 December 5. https://www.federalreserve.gov/boarddocs/speeches/1996/19961205.htm (accessed 25 May 2016). [最終アクセス 2022 年 8 月 19 日]
Harris, Seth, and Alan Krueger. 2015. 'A Proposal for Modernizing Labor Laws for Twenty-First-Century Work: The "Independent Worker".' The Hamilton Project. Discussion paper 2015-10. December. https://www.hamiltonproject.org/papers/modernizing_labor_laws_for_twenty_first_century_work_independent_worker# (accessed 25 May 2016). [最終アクセス 2022 年 8 月 19 日]
Henwood, Doug. 2003. *After the New Economy*. New York: New Press.
Henwood, Doug. 2015. 'What the Sharing Economy Takes'. *The Nation*, 27 January. https://www.thenation.com/article/archive/what-sharing-economy-takes (accessed 25 May 2016). [最終アクセス 2022 年 8 月 19 日]
Herrman, John. 2016. 'Media Websites Battle Faltering Ad Revenue and Traffic'. *The New York Times*, 17 April. http://www.nytimes.com/2016/04/18/business/media-websites-battlefalteringad-revenue-and-traffic.html (accessed 30 June 2016). [リンク切れ 2022 年 8 月 19 日]
Hesse, Jason. 2015. '6 per cent of Brits Use Sharing Economy to Earn Extra Cash'. Real Business. 15 September. https://realbusiness.co.uk/6-per-cent-of-brits-use-sharing-economy-to-earn-extra-cash (accessed 25 May 2016). [最終アクセス 2022 年 8 月 19 日]
Hook, Leslie. 2016. 'Amazon Leases 20 Boeing 767 Freight Jets for Air Cargo Programme'. *Financial Times*, 9 March. http://www.ft.com/cms/s/0/6f3867e8-e617-11e5-a09b-1f8b0d268c39.html (accessed 30 June 2016). [最

(accessed 25 May 2016).［リンク切れ 2022 年 8 月 19 日］

Federal Reserve Bank of St Louis. 2016a. Personal Saving Rate. https://research.stlouisfed.org/fred2/series/PSAVERT (accessed 12 June 2016).［最終アクセス 2022 年 8 月 19 日］

Federal Reserve Bank of St Louis. 2016b. 'Private fixed investment: Nonresidential: Information processing equipment and software: Computers and peripheral equipment'. Economic Research. https://research.stlouisfed.org/fred2/series/B935RC1Q027SBEA (accessed 12 June 2016).［最終アクセス 2022 年 8 月 19 日］

Finnegan, Matthew. 2014. 'Wearables Health Data "Massive Opportunity" for Retailers, Says Dunnhumby CIO'. Computerworld UK, 2 October. http://www.computerworlduk.com/it-management/wearables-health-datamassiveopportunity-for-retailers-dunnhumby-cio-3574885 (accessed 25 May 2016).［リンク切れ 2022 年 8 月 19 日］

Gagnon, Joseph, Matthew Raskin, Julie Remache, and Brian Sack. 2011. 'The Financial Market Effects of the Federal Reserve's Large-Scale Asset Purchases'. *International Journal of Central Banking*, 7 (1): 3–43.

Gawer, Annabelle. 2009. 'Platform Dynamics and Strategies: From Products to Services'. In *Platforms, Markets and Innovation*, edited by Annabelle Gawer, pp. 45–76. Cheltenham: Edward Elgar.

'Gluts for Punishment'. 2016. *The Economist*, 9 April. http://www.economist.com/news/business/21696552-chinas-industrialexcess-goes-beyondsteel-gluts-punishment (accessed 25 May 2016).［リンク切れ 2022 年 8 月 19 日］

Glyn, Andrew, Alan Hughes, Alain Lipietz, and Ajit Singh. 'The Rise and Fall of the Golden Age'. 1990. In *The Golden Age of Capitalism: Reinterpreting the Postwar Experience*, edited by Stephen Marglin and Juliet Schor, pp. 39–125. Oxford: Oxford University Press.

Goldfarb, Brent, David Kirsch, and David A. Miller. 2007. 'Was There Too Little Entry During the Dot Com Era?' *Journal of Financial Economics*, 86 (1): 100–44.

Goldfarb, Brent, Michael Pfarrer, and David Kirsch. 2005. 'Searching for Ghosts: Business Survival, Unmeasured Entrepreneurial Activity and Private Equity Investment in the Dot-Com Era'. Working Paper RHS-06-027. Social Science Research Network, Rochester. SSRN-id929845, downloadable at http://papers.ssrn.com/abstract=825687 (accessed 25 May 2016).［最終アク

f&usg=AOvVaw0mTjKm68jmVb8BwlAnlXUr (accessed 4 June 2016). ［最終アクセス 2022 年 8 月 19 日］

Coyle, Diane. 2016. *The Sharing Economy in the UK*. London: Sharing Economy UK. http://enlightenmenteconomics.com/beta/2021overhaul/wp-content/uploads/2016/01/210116_TheSharingEconomyintheUKTPDC.docx1111.docx.pdf (accessed 1 June 2016). ［最終アクセス 2022 年 8 月 19 日］

Crain, Matthew. 2014. 'Financial Markets and Online Advertising: Reevaluating the Dotcom Investment Bubble'. *Information, Communication & Society*, 17 (3): 371–84.

Davidson, Adam. 2016. 'Why Are Corporations Hoarding Trillions?' *The New York Times*, 20 January. https://www.nytimes.com/2016/01/24/magazine/why-are-corporations-hoarding-trillions.html (accessed 29 May 2016). ［最終アクセス 2022 年 8 月 19 日］

Davis, Jerry. 2015. 'Capital Markets and Job Creation in the 21st Century'. Brookings Institution, Washington, DC. https://www.brookings.edu/wp-content/uploads/2016/07/capital_markets.pdf (accessed 29 May 2016). ［最終アクセス 2022 年 8 月 19 日］

Dishman, Lydia. 2015. 'Thrust for Sale: Innovation Takes Flight'. GE Digital, 10 June. https://www.ge.com/digital/blog/thrust-sale-innovation-takes-flight (accessed 29 May 2016). ［リンク切れ 2022 年 8 月 19 日］

Dobbs, Richard, Susan Lund, Jonathan Woetzel, and Mina Mutafchieva. 2015. 'Debt and (Not Much) Deleveraging'. McKinsey Global Institute. https://www.mckinsey.com/featured-insights/employment-and-growth/debt-and-not-much-deleveraging (accessed 29 May 2016). ［最終アクセス 2022 年 8 月 19 日］

Dumbill, Edd. 2014. 'Understanding the Data Value Chain'. IBM Big Data & Analytics Hub. 10 November. http://www.ibmbigdatahub.com/blog/understanding-data-value-chain (accessed 29 May 2016). ［リンク切れ 2022 年 8 月 19 日］

Dyer-Witheford, Nick. 2015. *Cyber-Proletariat: Global Labour in the Digital Vortex*. London: Pluto Press.

Edwards, Paul. 2010. *A Vast Machine: Computer Models, Climate Data, and the Politics of Global Warming*. Cambridge, MA: MIT Press.

Farr, Christina. 2015. 'Homejoy at the Unicorn Glue Factory'. *Backchannel*. 26 October. https://backchannel.com/why-homejoy-failed-bb0ab39d901a

Chang, Byeng-Hee, and Sylvia M. Chan-Olmsted. 2005. 'Relative Constancy of Advertising Spending: A Cross-National Examination of Advertising Expenditures and Their Determinants'. *International Communication Gazette*, 67 (4): 339–57.

Chen, Adrian. 2014. 'The Laborers Who Keep Dick Pics and Beheadings Out of Your Facebook Feed'. *Wired*, 23 October. http://www.wired.com/2014/10/content-moderation (accessed 4 June 2016). ［最終アクセス 2022 年 8 月 19 日］

Clark, Jack. 2016. 'Google Taps Machine Learning to Lure Companies to Its Cloud'. Bloomberg Technology. 23 March. https://www.bloomberg.com/news/articles/2016-03-23/google-taps-machine-learning-to-lure-companies-to-its-cloud#xj4y7vzkg (accessed 4 June 2016). ［最終アクセス 2022 年 8 月 19 日］

Clark, Meagan, and Angelo Young. 2013. 'Amazon: Nearly 20 Years in Business and It Still Doesn't Make Money, but Investors Don't Seem to Care'. *International Business Times*, 18 December. http://www.ibtimes.com/amazon-nearly-20-years-business-it-still-doesntmake-money-investors-dontseem-care-1513368 (accessed 4 June 2016). ［最終アクセス 2022 年 8 月 19 日］

Comments of Verizon and Verizon Wireless. 2010. Department of Commerce, 6 December. https://www.ntia.doc.gov/files/ntia/comments/100921457-0457-01/attachments/12%2006%2010%20VZ,%20VZW%20comments_Global%20Internet.pdf (accessed 4 June 2016). ［最終アクセス 2022 年 8 月 19 日］

The Conference Board. 2015. 'Productivity Brief 2015: Global Productivity Growth Stuck in the Slow Lane with No Signs of Recovery in Sight'. The Conference Board, New York. https://www.google.com/url?sa=t&rct=j&q=&esrc=s&source=web&cd=&ved=2ahUKEwjB_PqwztD5AhVcwYsBHbqnDPMQFnoECAgQAQ&url=http%3A%2F%2Fgesd.free.fr%2Fconfb2015.pdf&usg=AOvVaw31KAfMogR-lqmw5jYTe1PR (accessed 25 May 2016). ［最終アクセス 2022 年 8 月 19 日］

'The Cost of Ad Blocking'. 2016. PageFair and Adobe. https://www.google.com/url?sa=t&rct=j&q=&esrc=s&source=web&cd=&ved=2ahUKEwjm9fD0ztD5AhWPUPUHHTIHBqsQFnoECB0QAQ&url=https%3A%2F%2Fwww.gwern.net%2Fdocs%2Feconomics%2Fadvertising%2F2015-pagefair.pd

executives-guide-to-the-internet-of-things (accessed 4 June 2016). ［最終アクセス 2022 年 8 月 19 日］
Burrington, Ingrid. 2016. 'Why Amazon's Data Centers Are Hidden in Spy Country'. *The Atlantic*, 8 January. http://www.theatlantic.com/technology/archive/2016/01/amazon-webservices-data-center/423147 (accessed 4 June 2016). ［最終アクセス 2022 年 8 月 19 日］
Burson-Marsteller. 2016. 'Net Display Ad Revenues Worldwide, by Company, 2014–2016'. https://pbs.twimg.com/media/Chsi8ZwUgAANnG.jpg (accessed 4 June 2016). ［リンク切れ 2022 年 8 月 19 日］
Burson-Marsteller, Aspen Institute, and TIME. 2016. *The On-Demand Economy Survey*. Burson-Marsteller. 6 January. https://www.aspeninstitute.org/publications/demand-economy-survey (accessed 5 June 2016). ［最終アクセス 2022 年 8 月 19 日］
Business Wire. 2015. 'Intuit Forecast: 7.6 Million People in On-Demand Economy by 2020'. Business Wire. 13 August. http://www.businesswire.com/news/home/20150813005317/en (accessed 27 May 2016). ［最終アクセス 2022 年 8 月 19 日］
CB Insights. 2015. 'The On-Demand Report' (homepage). https://www.cbinsights.com/research-on-demand-report (accessed 5 June 2016). ［リンク切れ 2022 年 8 月 19 日］
CB Insights. 2016a. 'Just 3 Unicorn Startups Take the Majority of On-Demand Funding in 2015'. 3 March. https://www.cbinsights.com/research/on-demand-funding-top-companies (accessed 27 May 2016). ［最終アクセス 2022 年 8 月 19 日］
CB Insights. 2016b. 'Microsoft Races Ahead with M&A as Yahoo, Google and Others Pull Back'. 4 March. https://www.cbinsights.com/blog/top-techcompanies-acquisition-trends (accessed 22 May 2016). ［リンク切れ 2022 年 8 月 19 日］
CB Insights. 2016c. 'The New Manufacturing: Funding to Industrial IoT Startups Jumps 83% in 2015'. 3 March. https://www.cbinsights.com/blog/industrial-iiot-funding (accessed 5 June 2016). ［最終アクセス 2022 年 8 月 19 日］
CB Insights. 2016d. 'Tech IPO Report' (homepage). https://www.cbinsights.com/research-tech-ipo-report-2016 (accessed 12 June 2016). ［リンク切れ 2022 年 8 月 19 日］

Times, 19 June. http://www.ft.com/cms/s/0/5585ecc8-b964-11e1-a470-00144feabdc0.html (accessed 30 June 2016). ［最終アクセス 2022 年 8 月 19 日］

Bradshaw, Tim. 2016. 'How Tiny Android Became a Giant in the Smartphone Galaxy'. *Financial Times*, 20 April. http://www.ft.com/cms/s/0/9271f24c-0714-11e6-9b51-0fb5e65703ce.html#axzz4B0RCjtDo (accessed 2 June 2016). ［最終アクセス 2022 年 8 月 19 日］

Bratton, Benjamin. 2015. *The Stack: On Software and Sovereignty*. Cambridge, MA: MIT Press.

Braverman, Harry. 1999. *Labor and Monopoly Capitalism: The Degradation of Work in the Twentieth Century* (25th anniversary edn). New York: Monthly Review Press. ［H. ブレイヴァマン『労働と独占資本』富沢賢治訳、岩波書店、1978 年］

Brenner, Robert. 2002. *The Boom and the Bubble: The US in the World Economy*. London: Verso. ［ロバート・ブレナー『ブームとバブル』石倉雅男、渡辺雅男訳、こぶし書房、2005 年］

Brenner, Robert. 2006. *The Economics of Global Turbulence*. London: Verso.

Brenner, Robert. 2007. 'Property and Progress: Where Adam Smith Went Wrong'. In *Marxist History-Writing for the Twenty-First Century*, edited by Chris Wickham, pp. 49–111. Oxford: Oxford University Press. ［ロバート・ブレナー『所有と進歩――ブレナー論争』長原豊監訳、山家歩、田崎愼吾、沖公祐訳、日本経済評論社、2013 年、201-277 頁］

Brenner, Robert. 2009. 'What Is Good for Goldman Sachs Is Good for America: The Origins of the Present Crisis', pp. 1–73. e-Scholaship, Center for Social Theory and Comparative History, UCLA, 2 October. http://escholarship.org/uc/item/0sg0782h (accessed 7 June 2016). ［最終アクセス 2022 年 8 月 19 日］

Brenner, Robert, and Mark Glick. 1991. 'The Regulation Approach: Theory and History'. *New Left Review*, 188: 45–119.

'Britain's Lonely High-Flier' (Editor's Note). 2009. *The Economist*, 8 January. http://www.economist.com/node/12887368 (accessed 4 June 2016). ［最終アクセス 2022 年 8 月 19 日］

Bughin, Jacques, Michael Chui, and James Manyika. 2015. 'An Executive's Guide to the Internet of Things'. McKinsey&Company.August. https://www.mckinsey.com/business-functions/mckinsey-digital/our-insights/an-

Paper presented at the Workshop on the Measurement of Digital Work, Brussels, 18 February. http://dynamicsofvirtualwork.com/wpcontent/uploads/2016/03/Berg-presentation.pdf (accessed 2 June 2016). [リンク切れ 2022年8月19日]

Bergeaud, Antonin, Gilbert Cette, and Rémy Lecat. 2015. 'Productivity Trends in Advanced Countries between 1890 and 2012'. *Review of Income and Wealth*. doi: 10.1111/roiw.12185.

Bernanke, Ben. 2012. 'Monetary Policy since the Onset of the Crisis'. Paper presented at the Federal Reserve Bank of Kansas City Economic Symposium, Jackson Hole, Wyoming, 31 August. https://www.federalreserve.gov/newsevents/speech/bernanke20120831a.htm (accessed 2 June 2016). [最終アクセス 2022年8月19日]

Biddle, Sam. 2014. 'Uber's Dirty Trick Campaign Against NYC Competition Came From the Top'. *Valleywag*, 24 January. https://valleywag.gawker.com/ubers-dirty-trick-campaign-against-nyc-competition-cam-1508280668 (accessed 2 June 2016). [最終アクセス 2022年8月19日]

Blinder, Alan. 2016. 'Offshoring: The Next Industrial Revolution?' *Foreign Affairs*, March–April. https://www.foreignaffairs.com/articles/2006-03-01/offshoring-next-industrial-revolution (accessed 2 June 2016). [最終アクセス 2022年8月19日]

BLS Commissioner. 2016. 'Why This Counts: Measuring "Gig" Work'. *Commissioner's Corner*, 3 March. https://beta.bls.gov/labs/blogs/2016/03/03/why-this-counts-measuring-gig-work/ (accessed 2 June 2016). [最終アクセス 2022年8月19日]

Bonaccorsi, Andrea, and Paola Giuri. 2000. 'Industry Life Cycle and the Evolution of an Industry Network'. LEM Working Papers Series, Laboratory of Economics and Management (LEM), Sant'Anna School of Advanced Studies, Pisa. http://www.lem.sssup.it/WPLem/files/2000-04.pdf (accessed 2 June 2016). [最終アクセス 2022年8月19日]

Bowles, Nellie. 2016. 'Facebook's "Colonial" Free Basics Reaches 25 Million People - Despite Hiccups'. *The Guardian*, 12 April 12. https://www.theguardian.com/technology/2016/apr/12/facebook-free-basics-program-reach-f8-developer-conference (accessed 2 June 2016). [最終アクセス 2022年8月19日]

Bradshaw, Tim. 2012. 'European Advertising Spending Off Target'. *Financial*

参考文献

'The Age of the Torporation'. 2015. *The Economist*, 24 October. https://www.economist.com/business/2015/10/24/the-age-of-the-torporation (accessed 4 June 2015).［最終アクセス 2022 年 8 月 19 日］

Alessi, Christopher. 2014. 'Germany Develops "Smart Factories" to Keep an Edge'. *MarketWatch*, 27 October. https://www.marketwatch.com/story/germany-develops-smart-factories-to-keep-an-edge-2014-10-27 (accessed 2 June 2016).［最終アクセス 2022 年 8 月 19 日］

Amazon Web Services. 2016. 'Case Studies and Customer Success Stories, Powered by the AWS Cloud'. https://aws.amazon.com/solutions/case-studies (accessed 12 June 2016).［最終アクセス 2022 年 8 月 19 日］

Andrae, Anders, and Peter Corcoran. 2013. 'Emerging Trends in Electricity Consumption for Consumer ICT'. NUI Galway. https://aran.library.nuigalway.ie/handle/10379/3563 (accessed 2 June 2016).［最終アクセス 2022 年 8 月 19 日］

Antolin-Diaz, Juan, Thomas Drechsel, and Ivan Petrella. 2015. 'Following the Trend: Tracking GDP When Long-Run Growth Is Uncertain'. Fulcrum. https://www.fulcrumasset.com/Research/ResearchPapers/2015-09-25/Following-the-Trend-Tracking-GDP-when-longrun-growth-is-uncertain (accessed 2 June 2016).［リンク切れ 2022 年 8 月 19 日］

Asay, Matt. 2015. 'Amazon's Cloud Business Is Worth At Least $70 Billion'. *ReadWrite*, 23 October. https://readwrite.com/aws-amazon-cloud/ (accessed 2 June 2016).［最終アクセス 2022 年 8 月 19 日］

Baldwin, Carliss, and C. Jason Woodard. 2009. 'The Architecture of Platforms: A Unified View'. In *Platforms, Markets and Innovation*, edited by Annabelle Gawer, pp. 19–44. Cheltenham: Edward Elgar.

Baran, Paul, and Paul Sweezy. 1966. *Monopoly Capital: An Essay on the American Economic and Social Order*. Harmondsworth: Penguin Books.［ポール・バラン、ポール・スウィージー『独占資本：アメリカの経済・社会秩序にかんする試論』小原敬士訳、岩波書店、1967 年］

Berg, Janine. 2016. 'Highlights from an ILO Survey of Crowdworkers'.

著者略歴

ニック・スルネック（Nick Srnicek）

1982 年、カナダ生まれの哲学者、思想家。ロンドン・スクール・オブ・エコノミクスで博士号を取得。現在はキングスカレッジ・ロンドンのデジタル・ヒューマニティーズ学部でデジタルエコノミーについて教鞭をとる。アレックス・ウィリアムズとの共著に、*Inventing the Future: Postcapitalism and a World Without Work* (Verso, 2015)、レヴィ・ブライアント、グレアム・ハーマンとの共編に、*The Speculative Turn: Continental Materialism and Realism*（Re.press, 2011）。邦訳に、A・ウィリアムズとの共著論文「加速派政治宣言」(水嶋一憲、渡邊雄介訳、『現代思想』2018 年 1 月号）。

訳者略歴

大橋完太郎（おおはし　かんたろう）

1973 年生まれ。神戸大学大学院人文学研究科教授。著書に、『ディドロの唯物論』（法政大学出版局）など。翻訳に、メイヤスー『有限性の後で』(共訳、人文書院)、マッキンタイア『ポストトゥルース』(共訳、人文書院)、デリダ『スクリッブル』（月曜社)、フィッシャー『ポスト資本主義の欲望』（左右社)。

居村匠（いむら　たくみ）

1991 年生まれ。秋田公立美術大学大学院複合芸術研究科助手。論文に、「オズワルド・ヂ・アンドラーヂ「食人宣言」分析　三つの分類と法概念を中心に」（神戸大学『美学芸術学論集』15 号)、「オズワルド・ヂ・アンドラーヂの批評におけるブラジル性について」（『美学』70 巻 2 号)、「食人者のスタンス　オズヴァウヂ・ヂ・アンドラーヂにとって宗教とは何か」（『表象』16 号）など。

PLATFORM CAPITALISM (1st Edition) by Nick Srnicek

This edition is published by arrangement with Polity Press Ltd., Cambridge
Through The English Agency (Japan) Ltd.

プラットフォーム資本主義

二〇二二年一一月二〇日　初版第一刷印刷
二〇二二年一一月三〇日　初版第一刷発行

著　者　ニック・スルネック
訳　者　大橋完太郎
　　　　居村　匠

発行者　渡辺博史
発行所　人文書院
〒六一二-八四四七
京都市伏見区竹田西内畑町九
電話〇七五・六〇三・一三四四
振替〇一〇〇〇-八-一一〇三
装　幀　村上真里奈
印刷所　モリモト印刷株式会社

ISBN978-4-409-03119-3 C1010

ポストトゥルース

リー・マッキンタイア著／大橋完太郎監訳／居村匠、大﨑智史、西橋卓也訳

二六四〇円（本体＋税一〇％）

フェイクニュース、オルタナティブファクト…、力によって事実が歪められる時代はいつから始まったのか。政治や社会への広範なリサーチと、人間の認知メカニズム、メディアの変容、ポストモダン思想など様々な角度からの考察で時代の核心に迫る。アメリカ「ＰＢＳニュースアワー」二〇一八年ベストブックノミネート＆世界六ヵ国翻訳のベストセラー、待望の翻訳。